GLAC edições

a GLAC edições *compreende que alguns dos textos-livros publicados por ela devem servir ao uso livre. portanto, que se reproduza e copie este com ou sem autorização, apenas citando a fonte.*

*

PREFIXO EDITORIAL
65-80421

UM HABITAR MAIS FORTE QUE A METRÓPOLE
conselho noturno

ISBN . Iª EDIÇÃO
978-65-80421-03-9

*

© consejo nocturno, méxico
© pepitas de calabaza, espanha, março de 2018
título original: un habitar más fuerte que la metrópoli

*

© GLAC edições, novembro de 2019
rua conselheiro ramalho, 945,
1° andar, sala 4, 01325-001,
bela vista, são paulo - sp.
glacedicoes@gmail.com

um habitar mais forte que a metrópole

conselho noturno

índice

nota da edição: acerca do título	**7**
prefácio à edição brasileira: *tiqqun de las afueras*, JONNEFER BARBOSA	**9**

h. × m.

telurismo ou metropolização	**19**
para uma genealogia da metrópole	**39**
metamorfose do transcendentalismo metropolitano	**51**
"é isto um homem?"	**67**
miséria do alternativismo, construção positiva de uma potência	**89**
habitar, quer dizer, destituir o governo	**105**
não há revolta metropolitana, apenas revolta contra a metrópole	**115**
elementos para uma não-arquitetura: a construção vernacular	**131**
axiomas para uma não-arquitetura	**145**
mais uma vez: em direção a uma intercomunal	**151**

c. n.

sobre o conselho noturno	**157**

nota da edição: acerca do título

O título deste livro, **um habitar mais forte que a metrópole**, concebido originalmente pelo **conselho noturno** e também adotado por esta edição, assim como pela edição espanhola (La Rioja, Pepitas de Calabaza, 2018) e pela edição francesa (Paris, Éditions Divergences, 2019) – esta última com a exceção de ter suprimido o artigo indeterminado "um"–, faz referência ao conhecido *slogan* autonomista italiano da década de 1970 *"un comunismo più forte della metropoli"* [um comunismo mais forte que a metrópole].

A expressão foi resgatada por Marcello Tarì em seu livro *Autonomie!: Italie, les années 1970* (Paris, La Fabrique, 2011), que foi publicado na Itália como *Il ghiaccio era sottile – Per una storia dell'Autonomia* (Roma, DeriveApprodi, 2012), e no Brasil como *Um piano nas barricadas: por uma história da autonomia, Itália 1970)*, pela GLAC edições em conjunto com a N-1 edições, em dezembro de 2019. A partir da sugestão do autor, a expressão chegou a ser utilizada na edição espanhola (Madri, Traficantes de Sueños, 2016), *Un comunismo más fuerte que la metrópoli: la autonomía italiana en la década de 1970*, pois era a idealização de Tarì para o título do livro desde o momento de sua escrita.

Neste texto, o **conselho noturno** então retoma o *slogan* autonomista e o título da edição em espanhol do livro de Tarì, apenas trocando "comunismo" por "habitar". Faz assim uma espécie de reconstituição histórica da autonomia, assim como certa proposição programática de atualização contemporânea do comunismo. Ambos os textos propõem, em suas perspectivas contextuais e políticas, a destituição do que se acostumou nomear por metrópole, por meio de uma organização difusa da sociedade.

*

No cabeçalho presente na paginação deste livro estão apresentadas as seguintes siglas: **c. n.**, referente à abreviação da denominação do não-autor, conselho noturno; e **h. × m.**, que sintetiza a perspectiva do título do texto, ao abreviar "habitar" (h.) e colocá-lo contra, com o uso do "×" (*versus*), a "metrópole" (m.).

prefácio à edição brasileira:
tiqqun de las afueras

Com um intervalo exato de 32 anos, nos dias 19 de setembro de 1985 e 19 de setembro de 2017, violentos terremotos atingiram a Cidade do México. Os sismos interromperam as comunicações, interditaram vias, ilharam regiões. Prédios, casas e viadutos desabaram, causando mortes e ferimentos em uma conurbação de 21 milhões de pessoas, habitando a região que até o séc. XVI fora o antigo lago de Texcoco.

Em 2017 ruiu como um castelo de cartas o engodo dos planejamentos governamentais iniciados após o primeiro terremoto, principalmente no que diz respeito à fiscalização das novas construções de uma expansiva megalópole, situada em uma área reconhecidamente sísmica. Ao lado das ruínas, também ficaram expostos os cartéis estatais-financeiros-partidários que até então gestaram a política metropolitana no antigo Distrito Federal (DF), onde especulação imobiliária, gentrificação dos antigos bairros e expulsão dos pobres para os arrabaldes longínquos estiveram sempre mancomunados. Mostraram-se inoperantes, paralelamente, os serviços governamentais de apoio e emergência, incapazes de lidar com a intensidade e a extensão dos estragos.

Nos relatos pós-apocalípticos imaginados pelos escribas do Império, situações-limite como os terremotos na Cidade do México são inevitavelmente associadas a imagens terroríficas de saques e guerra civil, hordas hobbesianas ou multidões de mortos-vivos famintos. *O tão suposto caos decorrente da suspensão da lei.* Nada mais distante. Como nos sismos de setembro de 1985, em 2017 milhares de pessoas saíram às ruas e começaram movimentos espontâneos de retirada dos escombros e salvamento de soterrados, formando brigadas de emergência e alimentação, locais de apoio e cuidados ambulatoriais improvisados, redes informais de acolhida em imóveis que permaneceram intactos. O "desbordamento popular aos aparatos de governo" não significou aqui o aparecimento de uma quimérica "cidadania solidária", mas o de práxis de auto-organização independentes e alheias aos aparatos governamentais que regiam o cotidiano: outras linguagens, outras formas de relação com o espaço, outras maneiras de habitar.

h. × **m.**

c. n.

Caos e lei desde sempre estão implicados numa mesma máquina metafísica e securitária, que é solapada em seus próprios fundamentos no instante de um grande sismo geológico ou insurrecional. Em pouco tempo, não apenas na Cidade do México, mas também nas demais regiões afetadas pelos terremotos, as Forças Armadas foram mobilizadas, formando cercos contrainsurrecionais: escombros foram interditados e uma operação midiático-espetacular reuniu doações e mobilizou a reativação dos dispositivos e aparatos agregados em governos, construtoras, empresas e cartéis imobiliários, justamente a rede de controles e gestão que havia sido neutralizada com o terremoto. Retorno, ainda que provisório e mantido sob situações de exceção, à metafísica da interdição das presenças.

Apenas o "curso ainda não interrompido dos acontecimentos" permitirá dar a vitória a um ou outro lado: é nesta *pendência* que este texto chega aos territórios mais ao sul, para ser lido em português brasileiro. É justamente na tradição da insurreição anônima e de uma ética imanente do habitar, *telúrica e comunal,* que este documento do **consejo nocturno**, *un habitar más fuerte que la metrópoli,* de março de 2018, ganha legibilidade e potência.

tiqqun de las afueras: não me refiro apenas ao movimento anônimo que engendrou a celebrada revista francesa do final dos anos 90 e início dos anos 2000. *tiqqun* não somente como a capturável divisa de um movimento singular ou identidade sibilina de um grupo anônimo de jovens, mas como *potência de deriva, escrita e vida* – todas em um mesmo plano de imanência – para articulação histórica e política de um passado negado, recalcado, desaparecido... em vista de sua *redenção* e *reparação* no agora.

A escrita do **conselho noturno** não é apenas um gesto de retomada e releitura do movimento francês para o contexto mexicano e latino-americano mais amplos, mas a implosão dos confins acadêmicos e de patrulhamento que até então disciplinaram e ordenaram *tiqqun* como um estrito movimento filosófico, geográfica-histórica e politicamente situado, ou seja, morto e neutralizado. *tiqqun* não confina somente uma intervenção intelectual específica que moveu as pás de editoras de esquerda como a *La Fabrique* no início dos anos 2000 (ou mesmo recentemente). *tiqqun* é uma potência anônima de deserção e secessão. Inconfundível com as coagulações do *militantismo*, entendido aqui como o progressismo, onde as práticas kairológicas de subversão, de uma

h. × m.

c. n.

felicidade aqui e agora, são substituídas por "projetos de liberação", negociações e inúmeros cronogramas. Incluindo também uma escrita docilmente bem-comportada, inofensiva, vendável e, principalmente, *assimilável academicamente*.

de las afueras: não pretendo me referir a uma entrada ou importação neocolonial – *mesmo que de esquerda* – dos conceitos da filosofia contemporânea francesa nas periferias e quebradas, nas universidades e espaços de discussão estritamente intelectual de um país como o México ("o movimento *tiqqun* aplicado ao sul"). Mas uma selvagem *fala de fora*, uma fala desde os escombros e arrabaldes mundiais, nesses lugares onde a *gestão* mostra-se o que ela é desde sempre: entroncamento de gangues que conseguiram territorializar e circunscrever as demais, violento poder necropolítico, não restrito ao governo de populações e à possibilidade de incutir a morte, mas também de produção disseminada de desaparecimentos.

Em *un habitar más fuerte que la metrópoli*, ao lado das intensidades conceituais benjaminianas, deleuzianas, agambenianas, tão presentes nos escritos do *tiqqun* e do **comitê invisível**, veremos aparecer uma série de tópicos que falam muito às lutas de secessão travadas no contexto brasileiro, como a colonização, a territorialidade comunal, a fuga ao paradigma metropolitano e seu regime policial de subjetivação.

Sair da metrópole, nos termos do **conselho noturno**, não significa ir para o campo, ou escolher de forma inofensiva um dos polos do dispositivo governamental. O *Walmart* está tanto nas lojas físicas, com seus estacionamentos e câmeras de segurança, quanto nos campos de monocultura. Concomitantemente à arquitetônica de um aeroporto está o mundo que ela implica. A metrópole é um diagrama gestional e proliferante, é a própria organização dos espaços e dos tempos sob a lógica do capital cibernético-financeiro, dirigida para o máximo rendimento, controle e eficiência, ao tempo da simultaneidade dos sinais digitais e da retroalimentação contínua de dados.

A metrópole é inseparável de "tecnologias e ciências de governo" e da "formação de um mercado e de uma esfera particular de produção", absorvendo e reagrupando os processos fordistas e toyotistas em uma gestão imperial de novos escravos. Em termos concretos: o modelo de economia no qual motoristas de *Uber* na cidade de São Paulo passam a usar fraldas para não interromper as corridas, ou a dinâmica de concorrência onde morrem os kamikazes motoboys

h. × m.

do *Ifood* sem seguro de vida ou previdência. E diariamente, além de produtos e serviços, cada um destes novos escravos municia a gestão cibernética com novas informações, com vistas à criação da mercadoria integral e do mercado total, que não mais necessitará de intermediários ou de inscrições mundanas (o motorista de *Uber* ou o entregador de aplicativo como sendo também os coletores contínuos de dados e informações que no futuro engendrarão os carros autônomos ou *drones* de entrega movidos por inteligência artificial).

Entre os novos escravos e os dejetos humanos inservíveis, uma série de fantasmagóricas identidades sem pessoa: o *instagrammer*, o *youtuber*, o *empreendedor*, o *coach* – *os* "predicados contrainsurrecionais" que cada cidadão metropolitano veicula ou delira a fim de "demonstrar sua fidelidade fulminante aos estados de coisas presente".

Em tempos de capitalismo imperial, o colonialismo não é algo que ocorreu e deva somente ser lembrado, ainda como um monumento de vítimas. O **conselho noturno** entende-o como uma governamentalização constante e contínua, *presentificada*, colonizando todos os espaços-tempo e as regiões mais remotas da vida e do mundo.

A *metrópole global integrada* confunde-se hoje com os próprios ambientes: confusão sintomática nos megaprojetos infraestruturais e nos planos urbanísticos, como a transformação de cidades inteiras em parques temáticos, as *smart cities*, em que cada humanoide se torna um usuário de sua cidade-dispositivo, um turista desarraigado contemplando sua própria impotência e morte cronometradas.

Mas o que significa este habitar mais forte que a metrópole? Tratá-lo nesse espaço será antecipar e talvez limitar a força deste *gritoescrito* lançado pelos camaradas do partido imaginário radicados neste imenso território conflagrado que convencionamos, por mera limitação, a chamar de México.

Que *ontologia espraiada* ou plano de consistência sustenta um caracol zapatista? Ou uma ZAD [zona a ser defendida]? Ou uma aldeia ianomâmi, warlpiri ou purépecha? Se os tsotsis em Chiapas ou os korubos na Amazônia defendem seus territórios com suas armas e com a própria vida, não é porque estes sejam suas propriedades (como insiste a psicose bolsonarista), mas porque seus territórios são parte inseparável de suas formas-de-vida. Quando um povo é expulso de suas terras, um mundo é destruído. Uma oca indígena é a continuação por outros meios da própria floresta,

h. × m.

que devém habitação humana, assim como o "iglu não é nada mais que a continuação por outros meios do vento glacial, mas tornado habitável". Conceitos como a anarquitetura, a construção vernacular, a intercomunalidade (não uma internacional, mas uma intercomunal!) passam a abrir brechas sobre como desativar o colonialismo que atravessa nossos corpos e maneiras de viver. Se o capitalismo imperial é o próprio meio onde nos movemos, se todos os espaços pretendem ser capturados pelos dispositivos cibernéticos-gestionais, os gestos de deserção só podem ter consistência se acompanhados de outras formas de habitar e de uma defesa sem tréguas dos territórios que, em seu *uso*, podem tornar-se barricadas e, oxalá, quilombos ou comunas.

JONNEFER BARBOSA,
18 de setembro de 2019

telurismo ou metropolização

Muito difícil se tornou a guerra civil desde o descobrimento de novas armas de fogo e da abertura de avenidas retilíneas nas metrópoles.

Georges Sorel,
Reflexões sobre a violência

Fragmento por fragmento, a questão dos territórios, de como defendê-los, de como viver neles autonomamente, fora do e contra o poder, desponta em todos os horizontes revolucionários de nossa época. Aflora assim a certeza de que seria justamente esta "propensão telúrica" a que inscreve os gestos políticos naquilo que é o mais radical do *agora*, a certeza que lhes proporciona em cada ocasião a sua contemporaneidade. Contemporaneidade não por alguma vontade de inovação ou originalidade – há séculos os povos indígenas fizeram dos territórios o epicentro de suas lutas –, mas porque rejeitam as mais falsas pretensões desta época e deixam entrever, através dela, uma outra. A nossa tradição – a dos oprimidos – partilha assim uma estratégia com as formas de vida que entram em contato com ela: estas entrelaçam-se com territórios muito determinados, nos quais podem crescer, fortalecer-se, organizar-se, cuidar de tudo aquilo que está ao alcance de suas mãos: *habitar em comum*. Nestes tempos, é frequente que formem parte de lutas heteróclitas que podemos associar a zonas de conflito e de disputa, algumas vezes para deter o projeto de construção de um aeroporto, outras para brecar uma plataforma extrativista, outras ainda para repelir a "gentrificação" de um bairro, ou a invasão e ocupação de suas terras por um inimigo.

h. × m.

c. n.

A propagação dessas lutas em coordenadas tão distantes do mundo traz à luz uma problemática global que é crucial denunciar e pôr coletivamente em discussão para, minando a impotência e o apaziguamento isolados que os poderes deste mundo administram com as suas ciências de governo e a sua polícia, construir os saberes, os mantimentos e as armas para a insurreição que vem, para o cumprimento desse movimento real que *destitui* o estado de coisas presente. O processo a que nos referimos não é outro senão a *configuração da infraestrutura* de todos os espaços e tempos do mundo para a constituição de um megadispositivo metropolitano que anule por fim toda a perturbação, todo o desvio, toda a *negatividade* que interrompa o avanço *in infinitum* da economia. Em heterogeneidade com este Império que se quer positivamente incontestável, existe uma *constelação de mundos autónomos* erguidos combativamente e em cujo interior se afirma sempre, de mil maneiras diferentes, uma ferrenha indisponibilidade para com qualquer governo dos homens e das coisas, para com o *planning* como projeção e rentabilização totais da realidade.

No final do século passado, um teólogo cristão assim descreveu a situação em que nos encontramos hoje: "Para onde quer que se viaje a paisagem é reconhecível: todos os lugares do mundo estão abarrotados de torres de refrigeração e estacionamentos, de indústrias agrárias e megalópoles. Mas, agora que o desenvolvimento está chegando ao seu estágio final – a Terra não era o planeta adequado para esse tipo de construção –, os projetos de crescimento estão se transformando rapidamente em ruínas e em desperdícios, entre os quais temos de aprender a viver. Há vinte anos, as consequências do culto ao crescimento já pareciam "contraintuitivas"; hoje em dia, são anunciadas pela revista *Time* com manchetes apocalípticas. E ninguém sabe como viver junto a estes novos e aterradores Cavaleiros do Apocalipse, que são muito mais do que quatro: alterações climáticas, esgotamento genético, contaminação, colapso das diversas proteções imunitárias, aumento do nível do mar e, a cada ano, milhões de refugiados em êxodo. Para além disso, quando se trata de abordar essas questões, ficamos presos no dilema impossível de promover o pânico ou o "cinismo". Chegamos finalmente ao ponto em que, à custa de crises "econômicas", "ambientais", "sociais" e *existenciais*, acabou por desabar qualquer cortina que impedisse observar em todo o seu esplendor a catástrofe que é o Ocidente na sua expansão em escala

h. × m.

mundial. A partir dessa perspectiva, compreende-se a virada histórica que demos, que consiste, por um lado, em abandonar toda a credulidade para com as fachadas e rituais de uma política que *já se foi*, com as suas bandeiras, as suas instituições e os seus incautos girando em torno de uma atividade morta por inanição ontológica, e, por outro, em começar a povoar, aqui e agora, os horizontes geográficos que tornem possível a elaboração autônoma de um tecido de realidade em secessão, bastante mais rico que esse outro, endurecido, que administra a nova cibernética metropolitana. Ruptura, portanto, com qualquer avatar do paradigma de governo, em favor de um *paradigma do habitar*, durante muito tempo ponto cego dos revolucionários, que por miséria, covardia ou indecisão se limitaram a refugiar-se nas pocilgas do inimigo: desde a procura militante de garantias até o reformismo armado de distintas guerrilhas, passando por qualquer outro programa *constituinte* da política que procura modelos "alternativos" de produção, em vez de *retirar-se* de toda a rede de produção. Lembrando que a felicidade não é o prêmio da virtude, senão a virtude ela mesma, a política que vem está completamente inclinada para o princípio das formas de vida e para o seu cuidado autônomo, e não para qualquer reivindicação de "abstrações jurídicas (os direitos humanos) ou econômicas (a força de trabalho, a produção)" (Agamben, "A Europa tem de colapsar").

A atual recomposição imperial da ordem capitalista não só impede que continuemos à procura de um grande centro de "Poder", como também anula todas as tentativas de continuarmos a "localizar" a nós mesmos à margem da catástrofe mundial, uma vez que nos inscrevemos num campo de batalha sem linha de frente definida, um campo de batalha que coincide com todas as camadas da Terra. A multiplicação e a proliferação de lutas como a da ZAD[1], no *bocage* de Notre-Dame-des-Landes, a do NO TAV[2], no Vale de Susa, ou a da *Frente de Pueblos Indígenas en Defensa de la Madre Tierra*[3],

1 N. da E.: ZAD – *"Zone à défendre"* [Zona a ser defendida] – é um neologismo francês para zonas de militância anticapitalista que atravancam, fisicamente, projetos que tenham relevância ecológica ou agrícola para a população local.

2 N. da E.: NO TAV – *"No Treno ad Alta Velocità"* [Não aos Trens de Alta Velocidade] – é um movimento de luta italiano surgido no início dos anos 1990, que se caracteriza por se posicionar contra a construção de infraestruturas para trens de alta capacidade e velocidade, por terem uma administração inadequada aos bens comuns, gastos públicos, e uso da terra.

3 N. da E.: Uma organização que se tornou conhecida em 2001 por interromper a construção do novo aeroporto do Distrito

no Bosque Otomí-Mexica, manifestam, com as suas grandes distâncias, a natureza não exclusivamente local, senão global, da conflitualidade política do presente. Trata-se sempre de constatar que o poder não pode continuar a ser atribuído a este ou aquele lugar privilegiado, identificado homogeneamente com uma classe, uma instituição, um aparelho ou com o conjunto de tudo isso. Desprovido então de todo o centro que restrinja a sua compulsão a colonizar extensivamente cada canto da Terra, *o poder acabou por se confundir com o próprio ambiente*. Os megaprojetos infraestruturais, os planos urbanísticos de embelezamento, a expansão irreprimível de dispositivos de controle, sejam eles na faixa de Gaza ou no istmo de Tehuantepec, são alguns dos modos de aplicação de um mesmo programa global de metropolização.

Em todas as partes vemos repetir-se a política de destruição criativa praticada pelo capitalismo desde as suas origens coloniais, a qual, por um lado, acaba com os usos e costumes tradicionais, reprime esse "domínio vernáculo" dos cuidados que estão fora

Federal, no México. Ela é composta por um grupo de comunidades, cientistas, acadêmicos, camponeses, organizações e cidadãos em geral, interessados em defender o ambiente natural, bem como os direitos dos povos indígenas.

do mercado, neutraliza os tecidos éticos e a memória coletiva, e, por outro, formata e projeta a sua própria sociedade segundo os modelos da produtividade, faz da valorização e da gestão a única relação imaginável com o mundo, transforma a ação autônoma numa série de condutas governáveis, conquista as mentes e os corações à base de economia, direito e polícia. A contínua hostilidade das metrópoles de hoje mostra-nos que não podemos continuar a entender o colonialismo como um evento que ocorreu de maneira pontual, como um "fato" depositado nas prateleiras da História, mas sim como uma *progressão contínua* de exploração e dominação que requer um ordenamento ainda mais permanente dos espaços-tempo para continuar a colonizar tudo, desde as placas tectônicas mais profundas até regiões mais remotas da atmosfera. A *metrópole global integrada* é o projeto e o resultado da histórica colonização ocidental que entregou nas mãos do capital *no mínimo* um planeta. Numa época em que todo e qualquer lugar sobre a Terra se tornou "colônia", toda colônia tende a converter-se em "metrópole", revelando-se ambos os momentos na sua correlação lógica, como confirma qualquer um dos discursos da governança imperial, nos quais a metropolização de espaços-tempo é celebrada como o principal eixo tecnológico de atuação.

h. × **m.**

C. N.

"Mais de metade da população do mundo vive em condições próximas à miséria. Sua alimentação é inadequada. São vítimas de doenças. Sua vida econômica é primitiva e está estagnada. Sua pobreza constitui um obstáculo e uma ameaça tanto para si como para as áreas mais prósperas. Pela primeira vez na história, a humanidade possui o conhecimento e o talento para aliviar o sofrimento dessas pessoas. [...] Acredito que deveríamos pôr à disposição dos amantes da paz os benefícios do nosso acervo de conhecimento tecnológico, de modo a ajudá-los a realizar as suas aspirações de uma vida melhor. [...] O que temos em mente é um programa de desenvolvimento baseado nos conceitos do tratamento justo e democrático. [...] Uma maior produção é a chave para a paz e a prosperidade. E a chave para uma maior produção é uma aplicação mais ampla e vigorosa do conhecimento técnico e científico moderno". Fica bem patente, com tal afirmação, que aqueles que se propõem a libertar os escravos à margem de si mesmos experimentam um prazer em nada distinto do daqueles que impõem a escravidão a outros seres humanos. Esta citação corresponde ao discurso da posse presidencial de Harry S. Truman em 1949, para muitos a primeira declaração diplomática daquilo que será a ofensiva desenvolvimentista no assim chamado "Terceiro Mundo". Trata-se em primeiro lugar da postulação de *uma* ideia de civilidade à qual devem submeter-se todos os grupos humanos sobre a Terra, a qual toma como modelo os traços mais característicos das sociedades "avançadas", desde a sua centralização em grandes urbes industrializadas até a introdução de tecnologias otimizantes na agricultura, passando pela adoção generalizada da escolarização obrigatória e dos valores culturais modernos. Paralelamente à inauguração dos tribunais supranacionais, a doutrina Truman também abriu as portas dos países "subdesenvolvidos" a inumeráveis concessões sobre minérios e florestas, a megaprojetos energéticos, a complexos de turismo, ao cultivo de biocombustíveis e a muitos outros tipos de investimentos que sempre omitem qualquer menção à pilhagem de terras e à destruição de alguma forma de vida na região. No conturbado marco de uma Guerra Fria, a falta de apreço de certos povos "sem fé, sem lei e sem rei" às complicações modernas tornou-se intolerável, na medida em que as suas raízes punham freio ao avanço do trem da economia global e, quem sabe, talvez os inclinasse a incorrer numa tentação comunista qualquer.

h. × m.

c. n.

"Desenvolvimento" é uma palavra de ordem governamental de cunho razoavelmente recente que instaura a fórmula de um humano puramente *produtivo* como destino único da espécie. *"Inside every gook there is an American trying to get out"* [Dentro de cada *gook* há um estadunidense querendo sair],[4] diz-se num filme. Em conjunto com a "universalidade" inventada e consolidada do *Homo œconomicus*, assistimos igualmente à propaganda e à propagação de categorias blasfemas antes imagináveis, como aquela de "capital humano", aperfeiçoada pela Escola de Chicago na década de 1960. A sua formulação já supõe, por si só, uma efetiva e autoconsciente *antropomorfose do capital*. A partir de então, com o estardalhaço do fim da História e impulsionada a aniquilação de toda a práxis política, teve lugar a multiplicação de órgãos técnico-jurídicos de "gestão de recursos humanos", cuja vocação consiste sempre em isolar as vidas das suas formas, para restituí-las demograficamente como pura *experimental life*: "trans--humanos" que podem ser moldados, programados, otimizados, institucionalizados dos pés à cabeça. Na sua busca implacável por uma uniformidade

---

4 N. da T.: Em inglês, *gook* é um termo depreciativo que designa os habitantes da Coreia. A citação é do filme *Nascido para matar* (*Full metal jacket*) de Stanley Kubrick, 1987.

mundial das formas de vida, a governabilidade aplicada em políticas neocoloniais, neocivilizadoras, pacificadoras e metropolitanas carrega, dentro de si, a "nova humanidade radiante, cuidadosamente reformatada, transparente a todos os raios de poder, idealmente desprovida de experiência, ausente de si, até mesmo no câncer: são os cidadãos, os cidadãos do Império" (*Tiqqun 2*, "Introdução à guerra civil").

Por não analisarmos a partir do ponto de vista de uma *guerra civil* mundial os processos modernos de institucionalização das sociedades ou das formas pós-modernas mais estetizantes de "gentrificação", perdemos o essencial do problema *político* que se articula em ambos: como nas suas campanhas de gestão, notavelmente nas de pacificação, o que está sempre em jogo é a sobrevivência e o crescimento do sistema capitalista, por meio de espólios, da exploração, da aniquilação e da discriminação. Desta forma, ignorar a dimensão de uma guerra civil *mundial* nos condena ao erro mais difundido e confundido pelas críticas *morais* do colonialismo ocidental: não compreender que os processos de colonização tiveram e têm lugar não apenas "em outros lugares", mas também no próprio interior dos territórios dos colonizadores, sobre os seus próprios povos que, em última análise, são transformados em

h. × m.

populações, matéria amorfa e desqualificada subme-tida à administração absoluta. Esse aprisionamento e esse achatamento *em todas as direções* nos permitiriam compreender, para além de um localismo pedante cheio de determinismos geográficos, por qual motivo a luta num pequeno bosque da Europa é para nós tão importante como a de um povo indígena na América em defesa das suas terras: são lutas que rejeitam igual-mente esse veneno chamado modernidade ou desen-volvimento. *"Contra o aeroporto e o seu mundo"*, palavra de ordem da ZAD contra toda a República ocidental.

Na sua materialização biopolítica, e depois da derrocada dos "regimes totalitários", os governos apren-deram a dirigir-se nas suas formas mais bruscas e diretas, menos "democráticas", aos meios e aos ambientes em vez de aos corpos dos seus cidadãos. Que nas "áreas metropolitanas" já não vivamos mais como sociedade disciplinária não significa de modo algum que esta sociedade tenha sido simplesmente superada ou aban-donada: o seu papel histórico consistiu em instaurar as condições de possibilidade, a necessária *quadrillage* do espaço, para que essas velhas formas de exercício de poder sobre os viventes se tornem desnecessárias em última instância. Hoje em dia experimenta-se, sob todas as metrópoles do mundo, diversos procedimentos alternativos de neocolonialismo executados em plena luz do dia. Para expulsar os "nativos" de um bairro com suficiente "potencial criativo", basta implementar alguns programas de desenvolvimento: um punhado de galerias de arte por aqui, umas quantas imobiliárias por ali, bares *cool* com terraços e hotéis *low cost* por todo o lado. Uns meses depois de constituído esse oásis cultural para as novas elites planetárias de *hipsters*, a presença violenta das forças policiais pode ser substituída por dezenas de pessoas armadas com malas da Zara, tão desalmadas e uniformes como aquelas: o efeito de deslocamento de populações-descartáveis *será o mesmo*. Quanto às zonas com menor potencial, demasiado fodidas, demasiado "irrecuperáveis" – pelo menos até que se dê algum novo achado –, seu futuro é tornarem-se guetos de anomia rentabilizada (favelas, periferias, "Terceiro Mundo") nos quais empilhar a massa de "inúteis", pouco aptos para se incorporarem por completo na *smart city*. Os humanos de última categoria não são aqui mais que um elemento extra do entorno: matéria selvagem a ser pacificada com a força da lei.

A metrópole e os estilos de vida que excreta e fagocita podem ser vistos como um lento deslizar da espécie em direção a uma autorregulação sincronizada de seus corpos, em direção a uma atenuação das suas

h. × m.

formas de vida até torná-las completamente compatíveis com a eficácia e a produtividade capitalistas, como uma demonstração de que a dominação pode operar sem necessidade de dominadores, e de que toda a potencialidade de sabotagem da máquina econômica se dissolveu: "médico", "filósofa", "homem", "artista", "latino-americano" ou *instagramer*" são alguns dos muitos predicados contrainsurgentes que cada cidadão metropolitano veicula – ou com os quais sonha – para demonstrar a sua fidelidade fulminante ao estado de coisas presente, a sua vontade exorbitante de *que tudo continue assim*. A "totalização" e a "individualização" são assim estratégias governamentais que, mais do que momentos separados-opostos, se entrelaçam e co-participam num só dispositivo de neutralização preventiva: "Ao fincarmos a nossa personalidade única – sentimentos, gostos, estilo de vida e crenças – fazemos exatamente o que toda a gente faz e promovemos assim a uniformidade no próprio ato de negá-la" (Schürmann, "Da constituição de si mesmo como sujeito anárquico"). A tragicomédia continua nas próprias discussões de socioconselhistas, ecoprimitivistas, insubmisso--liberais ou anarcoindividualistas, quando opõem com os mil malabarismos possíveis toda uma série de supostas antinomias que tornam irrespirável a esfera da política clássica, indo de um lado ao outro do dispositivo, e personificando nesse ato o quão bem-*governados* continuam a estar.

Numa conferência de 1976, "As redes do poder", Foucault advertia o quão furtivamente *burguesa* é toda a imagem substancial e representativa do poder. É precisamente essa imagem do poder a que predominou no pensamento revolucionário, o que anunciava o seu iminente fracasso perante os novos mecanismos liberais de poder – não limitados aos aparelhos jurídicos e às medidas de repressão –, assim como a sua cegueira crônica para perceber, "debaixo dos seus próprios narizes", a multiplicação e a instauração de dispositivos de controle sobre todos os momentos da vida cotidiana, a sua *configuração de governabilidade* constante. O problema da "tomada do poder" dos marxistas coincide por omissão com o programa da *sua* tomada pelo poder, com a sua incapacidade para perceber que, quanto mais dirigiam a sua reflexão e as suas energias para projetos voltados às grandes massas ou para a realização de "leis da História" letais, maior era a sua perda de *contato* com os espaços em que habitavam e mais colonizados eram pela economia; quanto mais avançava a

h. × m.

proletarização das formas de vida à escala planetária, menos atenção dirigiam à própria faculdade de atuar sem se remeter a uma instância extrínseca e superior. Assim, a penúria e o esgotamento dos estilos de vida separados dos militantes do mundo inteiro crescem de maneira proporcional à injeção e à expansão do poder sobre as dimensões materiais e espirituais da sua existência. Nesse sentido, pode dizer-se que Carl Schmitt estava certo quando afirmou que o "utopismo" dos movimentos operários é congruente com a sua *miséria de ambientes*. Não é, então, por acaso, que o campo de realização da política clássica, seja de esquerda ou de direita, coincida no seu nascimento com os espaços de máxima concentração, difusão e integração dos dispositivos de captura do capital: *a metrópole*. Mais que arremeter "contra" as formas injustas, ilegítimas e autoritárias com as quais se encobre, de fato, o poder, o que é crucial aqui e agora para as nossas existências é neutralizar imediatamente o crescimento histórico desse vazio, que foi produzido e preenchido pela gestão governamental, por meio de polícias, urbanistas e engenheiros sociais, que se colocaram entre cada um de nós e o nosso fazer. *Habitar plenamente* constitui, a partir desta perspectiva, o gesto revolucionário antibiopolítico por excelência.

Sob a metrópole, o que temos à nossa frente já não é o velho poder que dá ordens, mas sim um poder que acabou por se constituir *como a ordem mesma deste mundo*. É um ectoplasma deslocado que não coincide com nenhuma das instituições da modernidade. Basta queimar um Parlamento para comprovar que estes já não servem de custódia a nenhum segredo do poder: "*O governo já não está no governo*. As 'férias do poder', que duraram mais de um ano na Bélgica, são testemunho inequívoco: o país pôde prescindir de governo, de representantes eleitos, de parlamento, de debate político, de jogo eleitoral, sem que nada do seu funcionamento normal fosse afetado. [...] Se hoje as velhas superestruturas enferrujadas dos Estados-nação podem afundar sem receios é justamente porque elas devem dar lugar a essa famosa 'governança' – flexível, plástica, informal, taoísta – que se impõe em todos os domínios, seja na gestão de si próprio, seja na das relações, das cidades ou das empresas" (Comitê Invisível, *Aos nossos amigos*). É a partir desta evidência revolucionária, e não com a onisciência de um reacionário, que se deve compreender a declaração de Guattari em 1979, segundo a qual não haverá mais Revoluções de Outubro. Quando o que encaramos hoje não é já nenhum Sujeito – Estado, classe ou outro

h. × m.

—, mas o próprio *entorno* na sua esmagadora hostilidade, chegou a hora de redefinir o terreno presente da conflitualidade histórica. Apenas isto nos permitirá apontar para alvos lógicos a partir dos quais possamos abatê-lo e desativar a anestesia que se aplica perante o avanço mundial da catástrofe. A nossa guerra poderá ser vitoriosa, na condição de que aprimoremos a nossa potência nas suas três dimensões: temos de nos fortalecer em sentido guerreiro face ao estado de exceção; abastecer-nos de meios materiais que contribuam para a nossa autonomia; elaborar uma inteligência partilhada que nos permita quebrar o *impasse* da situação.

para uma genealogia da metrópole

Que não nos falem mais da "cidade" e do "campo", e menos ainda da sua antiga oposição. O que se estende à nossa volta não se parece, nem de perto nem de longe, com nada disso: é uma única mancha urbana, sem forma e sem ordem; uma zona desolada, indefinida e ilimitada; um continuum *mundial de hipercentros musealizados e de parques naturais; grandes conjuntos e de imensas explorações agrícolas; de zonas industriais e de loteamentos; de casas de turismo rural e de bares da moda: a metrópole. [...] A metrópole exige a síntese de todo o território. Tudo nela coabita, não tanto geograficamente, mas pelo entrosamento das suas redes.*

comitê invisível,
A insurreição que vem

Num importante ensaio de 1903, "A metrópole e a vida mental", Georg Simmel inaugurou uma das primeiras reflexões de uma disciplina que apenas anos depois viria a se chamar sociologia urbana. Desde a década de 1870 até aquele ano, Simmel viu como a população da cidade de Berlim quadruplicara, um crescimento que favoreceu para que esta se convertesse no principal foco de atividade econômica da Alemanha e do resto do mundo. No lugar da típica análise sociológica de "causas e consequências" que a forma-metrópole traria para a organização social, Simmel levou a cabo um estudo surpreendente, por se dirigir ao nível da psique dos indivíduos que formam e participam do tecido metropolitano, estudando a evolução das sensibilidades e as modificações nas representações do mundo.

O "intelectualismo" a respeito de cada fragmento da vida é o primeiro traço que Simmel destaca da nova subjetividade metropolitana, intelectualismo que consiste numa medição constante e "natural" dos tempos. A metrópole implicaria assim, em primeiro lugar, a formação de um *hábito de pensamento* bastante particular que se estende por todo o tecido social como mecanismo imunológico da própria metrópole. O que subjaz a essas medições é que, se não se efetuassem,

h. × m.

c. n.

por exemplo, no conjunto do sistema de transportes, "levariam a que a vida econômica de Berlim colapsasse em menos de uma hora": "A metrópole requer do homem – enquanto criatura que discerne – uma quantidade de consciência diferente daquela que lhe extrai a vida rural. [...] A atitude casual está tão obviamente inter-relacionada com a economia do dinheiro, dominante na metrópole, que ninguém pode dizer se a mentalidade intelectualizante promoveu a economia monetária ou se, ao contrário, foi essa última que determinou a mentalidade intelectualizante. O tipo de vida metropolitano é, certamente, o solo mais fértil para essa reciprocidade entre economia e mentalidade".

A metrópole seria assim, em primeiro lugar, uma zona de absoluta indiferenciação entre fenômenos "espontâneos" e as mais ritualizadas práticas econômicas, em que toda a forma de socialização coincide paradoxalmente, já observava Simmel, com a mais metódica *dissociação*: que haja milhões de átomos aglomerados sob a metrópole, isso não significa, em absoluto, que se suscitem milhões de encontros entre eles. Pregando o "salve-se-quem-puder", *todos e cada um* se fazem valer dos *seus* meios para ganhar a sua existência, participando de maneira individual e indiferente da mesma atividade social que os demais.

"Os economistas – assinalava anos antes Marx nos *Grundrisse* – expressam este feito da seguinte forma: cada um persegue o seu interesse privado e só o seu interesse privado e, desse modo, sem sabê-lo, serve o interesse privado de todos, o interesse geral. A validade desta afirmação não está no fato de que perseguindo cada um o seu interesse privado se alcança a totalidade dos interesses privados, ou seja, o interesse geral. A partir desta frase abstrata poderíamos melhor dizer que: cada um põe, reciprocamente, obstáculos à realização do interesse do outro, de tal modo que, em vez de uma afirmação geral, deste *bellum omnium contra omnes* [guerra de todos contra todos] resulta, melhor dizendo, uma negação geral". Nas existências metropolitanas o que predomina são modelos distantes de socialização sem convívio, experimentados, por exemplo, no interior de um vagão do metrô onde não cabe nem mais um corpo, ou a céu aberto no fluxo de peões que caminham ombro a ombro evitando estorvar-se. Sentir-se sozinho no meio de milhões é uma situação paradoxal que só esta formação "social" (se é que podemos continuar a pensar enquanto "sociedade" esse sistema cibernético baseado em *feedbacks*, programas e a completa indiferenciação entre os seus subsistemas imunes e o seu funcionamento geral) pôde

h. × **m.**

c. n.

chegar a massificar até tal extremo. Neste sentido, Marshall Sahlins mostrou que o "fim da sociedade" (ou, o que é o mesmo, *a vitória do liberalismo existencial*), teorizado em anos recentes pelos sociólogos, era algo que já existia nas premissas da antropologia pessimista de um Maquiavel, de um Hobbes ou dos Pais fundadores dos Estados Unidos, todos aqueles para quem "a manifestação de uma natureza humana tão avarenta e explosiva deve ser de algum modo governada, ou conduzirá a sociedade à anarquia" (*A ilusão ocidental da natureza humana*). A metrópole reúne o separado, mas o reúne *enquanto separado*.

Na década de 1970, um círculo de experimentação crítica formado por arquitetos e teóricos, reunido em Veneza em torno de Manfredo Tafuri, pôs na ordem do dia as teses de Simmel sobre a metrópole. As suas análises centraram-se na função que têm a arquitetura e o urbanismo como ciências de governo das populações, e deram especial ênfase à faculdade dos seus dispositivos de naturalizar a ordem capitalista. Os mecanismos "casuais" que coincidem com a reprodução do estado de coisas presente são capazes de converter uma formação histórica contingente (a metrópole) numa condição natural de existência, numa *paisagem* irrefutável que não aponta para nada mais do que para sua própria reprodução: "A arquitetura vinculada diretamente à realidade produtiva não é apenas a primeira a aceitar com rigorosa lucidez as consequências da sua já realizada mercantilização: partindo dos seus próprios problemas específicos, a arquitetura moderna, no seu conjunto, está em condições de elaborar, muito antes de os mecanismos e as teorias da Economia Política facilitarem os seus instrumentos de atuação, um clima ideológico que integre eficazmente o *design* em todos os níveis de intervenção, num Projeto destinado objetivamente a reorganizar a produção, a distribuição e o consumo do capital na cidade do capital" (Tafuri, "Para uma crítica da ideologia arquitectónica"). A metrópole concebida como formação social *do* capital será um modo de análise recorrente que fará fortuna nas revistas e nos jornais da Autonomia italiana do resto da década, e será de grande utilidade para superar os obstáculos e reducionismos "obreiristas-fabricistas" de grande parte do marxismo em voga, em especial aquele marxismo ancorado numa primazia do momento da produção: as fábricas e a classe operária como homólogos exclusivos do proletariado, essa "classe da sociedade civil que não é uma classe da sociedade civil, mas a sua dissolução" (Marx).

h. × m.

c. n.

Eram os anos em que, no contexto da crescente pós-industrialização das cidades, a financeirização da economia, o crescimento do trabalho imaterial e a contrainsurgência em escala mundial, a fábrica – como se dizia então – saía dos seus quatro muros e se confundia com todo o tecido biopolítico metropolitano, complicando os espaços de conflitualidade, na mesma medida que os multiplicava. E eis que na década de 1970 se assistiu a uma proliferação de transversalismos autônomos (os movimentos e as contraculturas de mulheres, jovens, homossexuais), à qual se somou uma explosão de comportamentos subversivos (as autorreduções, a rejeição do trabalho, a greve humana, os assaltos, os bairros okupados[5], as manifestações armadas, as rádios livres) inexplicáveis apenas do ponto de vista da crítica da sociedade de classes: *"Queremos tudo!"* era o lema dessa geração e o que a aproxima tanto da nossa. "Quase parecia que o proletariado estava a percorrer o caminho inverso

5 N. da E.: A solução da grafia okupa, com k, vem como diferenciação de outros movimentos de ocupação urbanos, relacionados exclusivamente à questão de luta por moradia e reforma urbana. As okupações também trazem esses assuntos enquanto pauta, mas, junto à questão de moradia, há também a motivação político-cultural de criar espaços de encontro para exercícios de atividade artística e cultural de caráter comunitário. É uma denominação usada na América Latina e na Espanha.

ao que o havia convertido em classe operária, mas isso ocorria depois de acumular uma potência enorme. Com efeito, se houve uma grande mistificação no marxismo-leninismo foi a de acreditar que a identidade de classe operária não fora algo contingente, o que em Marx era algo muito claro, enquanto forma insuperável da encarnação histórico-política do proletariado. No entanto, o proletariado, no seu devir comunismo, não possui nenhuma identidade substancial; ao contrário, expressa nas lutas uma negação contínua das identidades porque, no interior da sociedade capitalista, cada uma dessas identidades não pode ser outra coisa senão uma figura da exploração e da 'injustiça absoluta'" (Tarì, *Um piano nas barricadas: por uma história da autonomia [Itália, 1970]*). A possibilidade de submergir a centralidade operária começa assim a ser discutida nos diferentes meios políticos, os quais eram, de início, majoritariamente comunistas.

Assim, Renato Curcio e Alberto Franceschini, mais conhecidos como membros fundadores das Brigadas Vermelhas (*Brigate Rosse*), escrevem em 1983 um livro de autocrítica na qual a metrópole fica conceitualizada – armadilha teórica de marxistas – como "fábrica total" ou *difusa*: "A metrópole é o ponto de partida de análise porque é a célula social

h. × m.

cromossômica, o espaço-tempo no qual se produz a mercadoria e a necessidade desta, a mais-valia relativa e as condições da sua realização. A metrópole é a *fábrica total*. A 'fábrica de objetos-mercadoria' é só um dos seus setores, assim como o é a 'fábrica de ideologia'. É, portanto, necessário caracterizar a composição de classe, o proletariado, não só em relação à 'fábrica parcial', mas também à 'fábrica total', a metrópole na sua globalidade. [...] Na metrópole, uma imensa riqueza se ergue diante dos proletários como um mundo para eles completamente alheio, que os domina e do qual são servos, enquanto, em contrapartida, crescem e se expandem, na mesma proporção, a miséria subjetiva, e diversas formas da alienação, exploração e dependência" (*Gotas de sol na cidade dos espectros*). A categoria do "operário-social", cunhada anos antes por Negri, também serviria como paliativo para corrigir as fraturas abismais das quais padecia a teoria marxista, mas enquanto uns tantos stalinistas se esquivavam à evidência do início de um novo ciclo histórico, e se entrincheiravam dentro de naves industriais e de burocracias sindicais que exalavam o seu último suspiro, o movimento revolucionário assumiu, em todos os níveis, a metrópole como o novo lugar de conflito. A partir de então, tornou-se inevitável uma inversão teórico-prática das críticas exclusivamente "econômicas" do domínio capitalista, no sentido de críticas capazes de perceber a proliferação de mecanismos de reestruturação do capital em múltiplas dimensões (a vida cotidiana, o sexo, o cuidado, a amizade, a água, o transporte etc.), inversão que influenciou por sua vez as análises interseccionais do capitalismo hoje habituais em alguns feminismos ou na teoria descolonial, por um lado, e na elaboração de estratégias adequadas para os processos subversivos, por outro. *A metrópole, portanto, como campo e alvo da insurreição.* Curcio e Franceschini reconheceram precisamente isso: falar da metrópole enquanto fábrica difusa supõe captar os processos de proletarização *em sentido amplo,* já não restritivamente, como proletarização no momento da produção, mas como *proletarização total* de cada momento da existência, como produção e reprodução alienada de um fato social total, primeiro em esferas autônomas que se separam do social (expropriação da arte nos Museus, da política nos Parlamentos, do cuidado nas Clínicas, da comunicação nos *Mass media,* do amor nos Serviços etc.) para depois se reintroduzir identificado com o social sob a sua nova figura niilista (o falatório da opinião pública, a psiquiatria nas relações

h. × m.

conjugais, a valorização econômica de si mesmo etc.): "O proletariado tem que ser visto não apenas enquanto força de trabalho, capacidade de trabalho, mas também como consumidor consciente, ideologizado. [...] No domínio real total [...] já não há nenhum espaço onde o proletariado possa estabelecer a *sua* vida, porque o que há por toda a parte é a vida *do* capital. O antagonismo proletariado-burguesia é hoje, objetivamente, *antagonismo social total*: não mais contra um aspecto ou alguns aspectos, mas sim contra a totalidade da formação social capitalista" (Renato Curcio e Alberto Franceschini, *Gotas de sol na cidade dos espectros*).

metamorfose do
transcendentalismo metropolitano

Se há de haver um "novo urbanismo", este não se baseará nas fantasias gêmeas da ordem e da onipotência, mas será antes a entrada em cena da sua incerteza; já não se ocupará da disposição dos objetos mais ou menos permanentes, mas da irrigação de territórios com possibilidades; já não pretenderá levar a cabo configurações estáveis, mas criar campos que possibilitem abrigar processos que resistam a cristalizar-se numa forma definitiva; já não terá que ver com a definição meticulosa, com a imposição de limites, mas sim com noções expansivas que neguem as fronteiras, não com separar e identificar identidades, mas sim com descobrir híbridos inomináveis; não está obcecado com a cidade, mas sim com a manipulação da infraestrutura para alcançar intermináveis intensificações e diversificações, atalhos e redistribuições: a reinvenção do espaço psicológico.

Rem Koolhaas,
Que é feito do urbanismo?

Vivemos tempos infestados de ilusões. Uma delas é a firme crença no crescimento imparável das cidades. O que se sucede é justamente o contrário: basta dar uma olhada nos índices demográficos de uma cidade qualquer para dar-se conta do despovoamento progressivo de seus edifícios (não é novidade nenhuma que Veneza ficará sem venezianos em menos de vinte anos). Os centros históricos, os quais, com o surgimento da burguesia, foram foco de um aumento revolucionário de sociabilidade e diálogo que acabou por naufragar com os poderes do Antigo Regime, não são hoje senão armazéns, escritórios, lojas, hotéis: carapaças nunca habitadas, ruas atoladas de terraços, lugares descartados de uma circulação mercantil específica, zonas de alta segurança nas quais mais ninguém além do guarda de trânsito conhece a localização de tal ou qual rua. Tomemos como exemplo a Cidade do México. O recém-falecido[6] subcomandante Marcos

6 N. da E.: Em 24 de maio de 2014 se realizou uma cerimônia em homenagem a José Luis Solís López "Galeano" (referência ao poeta uruguaio Eduardo Galeano), assassinado em 2 de maio do mesmo ano durante confronto entre membros da EZLN (Exército Zapatista de Libertação Nacional) e CIOAC-H (Central Independente de Obreiros Agrícolas e Campesinos - Histórica). Nessa ocasião, o subcomandante insurgente Marcos, Rafael Guillén Vicente, declarou que seu "personagem" não existiria mais e que a partir daquele momento se autorenomearia como subcomandante insurgente Galeano.

h. × m.

c. n.

dizia, já em 2007, a propósito daquilo que durante décadas foi a principal praça de politização nesta cidade, o Zócalo, hoje ocupado quase permanentemente por empresas globais como a Coca-Cola graças aos convênios assinados com o governo esquerdista da cidade: conseguiram assim, mercantil e pacificamente, "o que a direita nunca pôde: alienar a cidade e o país do Zócalo. Sem necessidade de leis reguladoras de marchas e comícios, sem necessidade das assinaturas que os partidários do PAN[7] tiveram de falsificar, o governo de Marcelo Ebrard toma o Zócalo, entrega-o a empresas comerciais [...], constrói-se uma pista de gelo e zás! Assim, em não mais de dois meses, nada de comícios ou manifestações nessa praça que o movimento estudantil de 1968[8] tomou das celebrações

7 N. da T.: PAN (Partido Acción Nacional): partido reacionário mexicano, fundado em 1939. É um dos três principais partidos do país, tendo encabeçado o governo federal por dois mandatos consecutivos, entre 2000 e 2012.

8 N. da E.: Aproveitando da visibilidade que o país estava recebendo por ser o país sede das Olimpíadas de 1968, as manifestações estudantis ganharam considerável proporção: o governo da época respondeu com medidas extremas como invasão de universidades, prisão e uso indiscriminado de força contra os movimentos populares. O ápice da repressão foi o Massacre de Tlatelolco, poucos dias antes da abertura dos Jogos Olímpicos. O exército mexicano abriu fogo contra a população civil em uma importante praça da capital.

oficiais" ("Nem o Centro nem a Periferia"). O que não deixa de crescer em todos os mapas não são cidades, mas sim periferias, uma mancha metropolitana que faz entrar em uma zona de indiferenciação a cidade e o campo, a capital e a província, o centro e as margens. O surgimento da metrópole surge aqui inseparável da aspiração por um Império global que pretende destituir a forma-Estado que dominou a modernidade. Na era imperial do capital, o sistema político já não ordena formas de vida e normas jurídicas num espaço determinado, mas hospeda no seu interior uma *localização deslocante* que o transborda, no qual pode manter-se incorporada qualquer forma de vida e qualquer norma. A metrópole como localização deslocante é a matriz que temos que aprender a reconhecer através de todas as suas metamorfoses, tanto nas alfândegas dos aeroportos como em certas periferias das cidades. A metrópole global integrada, que agora se instalou solidamente na sua superfície, é o novo *nomos* biopolítico do planeta.

Engana-se, pois, quem acredita que uma metrópole viceje em estado sólido pelo simples fato de se encontrar nas ruas de tal ou tal cidade; mas também não é como o bosque, que só pode ser observado como tal a partir do exterior. A metrópole é esta dissolução

h. × m.

de todas as classificações reificadas da modernidade nascente, que a *situariam* demasiado, fariam-na perder a sua viscosa abstração, colocariam limites aos seus objetivos, que não têm fim. A unidade *da* metrópole coincide, então, com a sua localização difusa: de São Paulo a Tóquio, de Manchester à Cidade do México, claramente, mas também através das redes infraestruturais de fibra óptica, dos polos logísticos que proliferam ao longo das rodovias ou numa festa *rave* nos subúrbios: *há algo de metrópole*. A metrópole, como ordenamento *sui generis* dos territórios que se sobrepõe a todos eles, é o objeto portátil que todo o cidadão leva consigo no bolso, e vice-versa: a metrópole leva dentro de si o cidadão, e o turista que sai do seu mapa deixa de existir. Cairíamos assim num erro se pensássemos que "metrópole" é outra categoria sociológica que a tudo pode abarcar, disposta à análise de fenômenos sociais heterogêneos. Metrópole é a própria organização dos espaços e dos tempos que persegue direta e indiretamente, racional e irracionalmente, o capital; organização em função do máximo rendimento e da máxima eficiência possíveis em cada momento. É, portanto, inseparável das tecnologias e das ciências de governo, cujo limite de aperfeiçoamento é algo móvel. Se, segundo as conclusões de Marx, no próprio conceito de capital já está subentendida a tendência à criação do mercado mundial, podemos dizer que também está subentendida a forma-metrópole enquanto aglomeração espaço-temporal específica de seres, corpos e fluxos, e como administração de tudo isso. Sob a metrópole concretiza-se finalmente a quebra das limitações da soberania moderna, que se concebeu em termos de território e da sua relação com um exterior. Neste sentido, as fronteiras estatais-nacionais podem ser vistas como um momento passageiro para a constituição metropolitana da ordem capitalista, e a sua empregabilidade ocasional é o que permite que estas continuem a existir como processadoras-selecionadoras das circulações desejáveis para o reforço da nova soberania imperial. Sob a metrópole, centro e periferia diluem-se e, por sua vez, multiplicam-se numa *gestão diferencial de espaços e de tempos*. Há invasões policiais em determinados bairros e há policiais que auxiliam os turistas em outros, e, com uma secreta solidariedade, ambos os momentos convertem a metrópole num *fato violento total*: "O impacto da polícia sobre a nossa percepção do mundo fundou a nossa relação social com este mundo: as fronteiras traçadas pela violência policial distinguiam claramente aqueles que pertenciam à casta dos humanos legítimos dos outros, sujeitos sem valor nem direito, que o Estado pode maltratar ou destruir" (Rigouste, *La domination policière*).

h. × m.

c. n.

Com o advento da metrópole, toda a *urbis* tradicional se dissolveu, assim como todas as arquiteturas da cidade industrial: as velhas estações de trem transformaram-se em centros comerciais ou em *fan zones*[9]. A desconstrução metropolitana pode converter qualquer aldeia em parque temático ou em "Pueblo Mágico"[10], qualquer igreja abandonada em discoteca ou em livraria. Há tanto Walmart condensado nos campos de monocultura quanto dentro das paredes das suas lojas. Por conseguinte, a metrópole não coincide com a cidade e muito menos é correto ver no campo o seu contrário: tanto um quanto o outro se tornam, antes de tudo, funções epifenomênicas da metrópole, submetidas aos seus processos constantes de reformatação. A ideia de metrópole como

9 N. da E.: Tendo origem nos eventos da Fórmula 1, o termo corresponde ao espaço dirigido à plateia sem ingresso que assiste a determinado evento (jogos da Copa do Mundo, corridas, etc.) em um grande telão localizado geralmente nas proximidades do local em que o "espetáculo" ocorre.

10 N. da E.: Os "Pueblos Mágicos", segundo a Secretaria de Turismo do México, são comunidades que "através do tempo e ante a modernidade, conseguiram manter intactos os seus costumes, arquitetura e herança histórica-cultural". São categorizações dadas a algumas pequenas localidades próximas a grandes centros turísticos, para que se tornem pontos atrativos à visitação, gerando renda para o local. É uma medida governamental criada como maneira de sanar o déficit econômico desses espaços.

"centro econômico" desaparece precisamente por isso, porque o que se expande hoje é uma miríade de localidades ou conurbações regionais que funcionam como articulações e processadores de conexão econômica (daí o auge atual dessa ameba conceitual a que se chama de "Rede"): pode haver tanta metrópole num parque tecnológico-empresarial como no centro daquilo que alguns continuam a chamar de "cidade". Este arquipélago metropolitano é "o que se obtém quando se conclui o processo de modernização, e a natureza, por sua parte, desaparece" (Jameson, *O pós-modernismo ou a lógica cultural do capitalismo tardio*). Na metrópole o ar pode ser condicionado, os animais constituem uma bonita decoração de interiores e os "parques naturais" carregam este título apenas devido a uma legislação específica e à instalação de quartéis militares: toda a *metafísica humanista* do Ocidente encontra aqui a sua cristalização, porque sob a metrópole não há mais do que o Homem governando, produzindo e construindo o real. Para si mesma, a metrópole é pura autoinstituição sem fundamento, pragmatismo doméstico absoluto, é uma ordem materializada globalmente em infraestruturas que organizam, distribuem e modulam um único *continuum* metropolitano ao longo e ao largo do planeta:

h. × m.

a metrópole é o simulacro territorial efetivo de um mapa sem relação com nenhum território. Se o Google Maps não existisse, nestas condições seria necessário inventá-lo.

Se é certo que a política ocidental está fundada numa expulsão hipócrita do sensível, dentro desta caberia incluir também a política *extraterrestre* que se pratica ordinariamente sob a metrópole, a qual deixou como impensado da revolução a questão das territo-rialidades e da espacialidade em si. A este respeito, Fernando Coronil aponta a falsificação que grande parte do marxismo conservou ao manter nas suas análises e críticas ao sistema capitalista uma ruptura contun-dente entre natureza e cultura, na qual se instalou o capital para se expandir ilimitadamente *veluti imperium in imperio* [estado dentro do estado]. Desde então, o que predominou nos manuais marxistas é a centra-lidade da contradição capital/trabalho, que converte, infelizmente, uma formação social histórica e o seu modo de produção num sistema fechado sobre si mesmo. Segundo essa representação, o processo de produção teria lugar como se nunca tivesse passado pela terra, contrariamente ao que indica o esquema trinitário trabalho/capital/terra formulado por Marx no terceiro tomo d'*O Capital*: "As representações do progresso histórico posteriores ao Iluminismo geralmente afirmam a primazia do tempo sobre o espaço e da cultura sobre a natureza. Em termos destas polaridades, a natureza está tão profundamente associada ao espaço e à geografia que estas categorias se apresentam com frequência como metáforas uma da outra. Ao diferenciá-las, os historiadores e os cientistas sociais apresentam normalmente o espaço ou a geografia como um cenário inerte no qual têm lugar os acontecimentos históricos, e a natureza como o material passivo com o qual os humanos fazem o seu mundo. A separação da história e da geografia e o predomínio do tempo sobre o espaço têm como efeito a produção de imagens de sociedades separadas do seu ambiente material, como se tivessem surgido do nada" (*O Estado mágico*).

Com isso recaímos no fetichismo da economia, do mercado e da criação de riqueza como pura relação capital/trabalho. A imbricação, portanto, da "mistificação do modo de produção capitalista", com a "religião da vida cotidiana" que, quando não faz da terra uma *coisa*, um "recurso" a-histórico com propensão a ser valorizável na produção geral, coloca-a abstratamente fora de consideração. Omite-a ou finge omiti-la, porque a sua natureza de "finitude", o seu profuso ser-situado, invalidaria de maneira imediata "a crença cega (ideológica) no poder

h. × m.

C. N.

infinito da abstração, o pensamento e a técnica, e no poder político e do espaço que o dito poder excreta e decreta" (Lefebvre, *A produção do espaço*).

A "morte da natureza", para retomar o título do importante livro de Carolyn Merchant, é essa história de ficção, mas bem real, que abarca desde a logicização da realidade com Parmênides e Aristóteles até as insípidas substâncias mecanizadas de Descartes, passando pela mundanidade profana do monoteísmo cristão, tendências essas que coincidem com o aumento dos poderes da abstração mercantil do capital. Esse programa *fisicida* ou a-naturalista é o mesmo que encontramos hoje nas teses "pós-ambientalistas" de todos aqueles construtivismos que colocam o humano como referente último de todos os fenômenos e, de maneira delirante, agem *como se* não houvesse mais natureza além da produzida ou alterada, fazendo ao mesmo tempo desse espaço forcluído[11] um espaço *abstrato*, por um lado neutro e exterior à "esfera do humano", e, por outro, humana e tecnologicamente modificável na sua totalidade: a georreconstrução apoiada por certos críticos da modernidade, defensores de um

11 N. da E.: "Forclusión" em espanhol, foraclusão (ou forclusão) em português, é um termo psicanalítico elaborado por Jacques Lacan, para designar *um mecanismo específico de psicose, por meio do qual se produz a rejeição de um significante fundamental para fora do universo simbólico do sujeito.*

uso "reflexivo" das suas monstruosidades (OGM, energia nuclear, biologia sintética, produtivismo e aceleracionismo capitalistas...), mostra-se aqui como o derivado mais *hipermoderno* da modernidade. É sobre esse "mundo-sem-natureza" que se monta realmente a concreção de uma ordem que detesta qualquer indício de *determinação*: "A particularidade da abstração capitalista é [...] precisamente que a sua ausência de determinação a transforma num verdadeiro princípio de realidade, um princípio sintético válido para a construção do todo, mesmo sendo esta parcial" (Finelli, *Abstração e dialética do romantismo ao capitalismo*). O ponto culminante dessa abstração é uma formação social histórica concreta, a metrópole, que se contrapõe ponto por ponto à natureza num mesmo terreno de *guerra civil mundial entre o Homem e os terrícolas*. A metrópole é a concretude territorial de uma ordem abstrata que aspira a prescindir de toda a base material para se reproduzir, é efetivamente essa força em ação sobre a Terra que é a negação da Terra. Em todas as suas manifestações corporais, a metrópole representa a raiva impaciente por abolir a matéria e o tempo, mas fracassa invariavelmente, uma vez que conquista unicamente uma autonomia relativa na sua falsa construção de uma segunda natureza à margem de toda a natureza.

h. × m.

c. n.

Entramos a partir de hoje na era da metrópole global integrada, megafúndio planetário da economia ao mesmo tempo unificado e difuso, no qual a única possibilidade é o autoprolongamento e a autointensificação esquizofrênicos das relações econômicas de sofrimento, carência e solidão. Quando já não nos resta nenhuma cidade nem nenhum campo, as reivindicações de um "direito à cidade" ou de um "ir para o campo" ficam arruinadas. Sob a metrópole, os humanos experimentam constantemente uma destruição de todo o habitar. A "supervisão" com que uma elite de *managers* gere a realidade faz predominar, por sua vez, um "extraterrismo" nos supervisionados, que apenas sobrevoam, "atravessam" os territórios, sem estabelecer com estes últimos nenhum vínculo ou contato afetivo, vital ou espiritual. O que nos oferecem os poderes metropolitanos é finalmente tornar intercambiáveis, como o resto das coisas no sistema mercantil de equivalência, todos os lugares que podiam manter algum tipo de habitabilidade: "Agora, pode-se viver indistintamente, segundo se diz, em Tóquio ou em Londres, em Singapura ou em Nova York, na medida em que todas as metrópoles tecem um mesmo mundo no qual o que conta é a mobilidade e não mais o elo com um lugar. A identidade individual toma aqui o lugar de um *passe* universal que assegura a possibilidade, onde quer que se esteja, de ligação à subpopulação de seus semelhantes. Uma coleção de über-metropolitanos arrastados em corrida permanente, de *halls* de aeroporto a *toilletes* de trens de alta velocidade: certamente isso não conforma uma sociedade, nem mesmo global" (comitê invisível, *Aos nossos amigos*). Sob a metrópole, os humanos desconhecem todo o habitar (que outra coisa poderíamos esperar daquilo que é, por definição, *inóspito?*) e, pelo contrário, são eles que se tornam "habitados", invadidos e ocupados pelas forças estrangeiras de um programa metropolitano de endocolonização e gestão absolutas.

Desde a sua cunhagem na Grécia Antiga, a palavra metrópole é utilizada sempre em um contexto de colonização: Espanha, Portugal e Inglaterra eram "metrópoles" unicamente para quem estava em alguma das suas colônias. Nessas últimas, o colonizador sabe que está "fora de casa", a sua vida não está "aqui", ou pelo menos não a sente "aqui". Carece consequentemente de toda a intenção de habitar uma unidade territorial numa situação meramente *administrativa*: pilhar e fugir. Que os habitantes das grandes urbes de hoje lhes chamem "metrópoles" não pode ser entendido mais que sintomaticamente, como sublimação extrema duma vida estrangeira, despossuída de qualquer vínculo efetivo.

h. × m.

c. n.

O fato de todos os cidadãos no México chamarem de "colônias" os bairros nos quais cresceram é um sinal do profundo desenraizamento metropolitano em que vivem. Indício talvez de um tipo de psicose, continuam a fazer-se chamar "cidadãos", precisamente agora que já não resta nenhuma cidade. "Habitar" e "viver" perdem aqui de maneira sensível a curiosa sinonímia que ainda é possível encontrar em várias línguas nas quais esses verbos são intercambiáveis. O que predomina sob a metrópole é então uma condição generalizada de *cisão*[12], que nos proíbe de continuar a usar a palavra "habitante" para nos referirmos aos seus inquilinos. A definição que melhor lhes convém é a de *turista*, "humano universal para lá da cultura, da nação, da religião, do sexo, da situação econômica", segundo o define uma agência de viagens qualquer. O exilado, figura política à sombra, por excelência, dos conflitos bélicos entre ordens soberanas, encontra uma irrisória generalização no crepúsculo das fronteiras dos Estados--nação com o auge da gestão econômica mundial.

12 N. da E.: No original, o termo usado é *extranjería*, relacionado à estrangeiro. A opção de usar a palavra cisão em vez de estrangeiro vem da relação de travessia (prática e simbólica) que o corpo apartado de sua origem enfrenta ao cruzar uma fronteira, e que transforma radicalmente sua percepção, suas narrativas e seus afetos.

"é isto um homem?"

Imaginem uma grande metrópole que ocupe centenas de quilômetros quadrados. De ser um componente vital para as economias nacionais em outro tempo, este imenso meio urbano é agora uma vasta coleção de edifícios obsoletos e destruídos, uma imensa placa de Petri que contém doenças tanto velhas como novas, um território onde o império da lei foi substituído por qualquer coisa próxima da anarquia, em que a única segurança possível é aquela que se alcança por meio da força bruta. [...] No entanto, esta cidade ainda estaria conectada globalmente. Teria pelo menos um mínimo de vínculos comerciais, e alguns dos seus habitantes teriam acesso às tecnologias de comunicação e informática mais modernas do mundo. Com efeito, seria uma cidade bestializada.

Um comandante da marinha dos
EUA em 2003

O tão aclamado *planning* metropolitano, de cuja passagem nada resta, salvo por um deserto inabitável, propõe-se realizar um velho sonho vanguardista: ver todos os espaços nos quais transcorre a vida transformados em pura *estética*, unificados, por fim, enquanto arte e vida cotidiana numa contemplação espetacular sem fim. Daí o processo de musealização do mundo que tem lugar depois da captura consumada dos lugares e dos seus usos: "Museu não designa aqui um lugar ou um espaço físico determinado, mas sim a dimensão separada à qual se transfere aquilo que num momento era tido como verdadeiro e decisivo, mas não o é mais. O Museu pode coincidir, nesse sentido, com uma cidade inteira (Évora, Veneza, declaradas como patrimônio da humanidade), com uma região (declarada parque ou oásis natural) e inclusive com um grupo de indivíduos (enquanto representantes de uma forma de vida já desaparecida)" (Agamben, "Elogio da profanação"). Com o mundo alienado em Museu completa-se a destruição de todo o uso possível. Viver "à distância" é o único modo de comportamento aceito na metrópole: é a experiência do espetáculo, do turismo, da visita ao *shopping* ou a qualquer outra esfera onde o uso e a alteração substancial das coisas são cancelados pela interferência de uma vitrine.

h. × m.

c. n.

Com a arquitetura do *shopping* e suas vitrines transparentes, apagam-se de forma fictícia as fronteiras entre o exterior e interior, radicalizando-se assim a mais demoníaca das religiões: com fragmentos estéreis que se reunificam separadamente como totalidade orgânica, o "espetáculo da vida" acaba por se converter na *vida do espetáculo*. A metrópole supervisiona assim um constante exílio interior: um deslocamento entre o ser e o estar, passando da presença à mera representação. A casa, o trabalho, o entretenimento, o ginásio, o restaurante, tudo se exibe atrás de um vidro, não para comercializar produtos e serviços, mas sim *experiências*, que enquanto mercadorias destroem, no entanto, a possibilidade de toda a experiência. Em relação a todos os objetos do reino metropolitano da separação, só o *consumo* é permitido, ou seja, modos exteriores de interação mercantil, úteis para aumentar e sacralizar as separações. Cada fotografia tirada por um turista reforça assim a sua impossibilidade de uso do mundo, de experimentá-lo, de habitá-lo; é a sua forma de rejeitar permanentemente o que está aí e o fato de *que ele mesmo está aí*.

Tamanha miséria só pode ser negligenciada delegando diariamente a vida inteira em instâncias autônomas provedoras de todos os serviços necessários para o "viajante". O turista não constrói nem habita, muito menos pensa, uma situação que lhe foi imposta a partir de sabe-se lá qual escritório de desenvolvimento turístico: como num hotel, prefere que o percurso da sua vida se desenrole sempre em "habitações mágicas" onde tudo apareça por si só no seu lugar mesmo quando ele está ausente, reduzindo-se a vida a uma contemplação da sua impotência de agir. Renunciando-se existencialmente, a criatura metropolitana é um espectro que sobrevoa a sua situação, ocorrendo-lhe às vezes a fria suspeita de que um determinado hotel é exatamente igual ao anterior, de Hong Kong a Moscou, e de Barcelona a Nova York. Mas atenção, porque, como assinala um crítico das sociedades chamadas "de consumo", a criatura metropolitana não somente "advoga por uma casa, toda ela projetada como máquina de conforto e cuja primeira virtude consiste em deixar aos seus habitantes as mãos livres para o consumo [...]. Assim se concentra o modernismo ocidental no mito do apartamento, onde o indivíduo libertado, flexibilizado no fluxo do capital, se dedica ao cuidado das relações consigo mesmo". As férias são, pois, apenas o momento mais flagrante do exílio metropolitano comum, porque os espaços mais turísticos não se

h. × m.

c. n.

encontram apenas em hotéis e atrações naturais, mas também em rodovias, casas e escritórios, em qualquer uma das estações do tecido metropolitano. *"Be a tourist in your own hometown"* [Seja um turista na sua própria cidade] e *"Make yourself at home"* [Sinta-se em casa]: a propaganda metropolitana pode vociferar ambos os *slogans* sem incorrer em contradição porque, sob a metrópole, os estados de anfitrião e de hóspede coincidem em todos e em cada um de nós. Metrópole é, portanto, *instituição total*: oferta total de serviços para inválidos existenciais. Toda a história da modernização do mundo pode ser vista como um processo duplo e idêntico de metropolização e proletarização: compulsão permanente dos seres a uma delegação das suas vidas igualmente permanente. A aniquilação de toda a marca de formas de vida comunais – seja por expropriação, privatização ou assalariamento – ou o fim da convivialidade explicam-se paralelamente pela superprodução institucional de serviços. Metrópole significa "cidade mãe", e já Ivan Illich advertia que a atribuição de funções "maternas" às instituições de mobilização humana tinha sido uma metáfora constante para a expansão do assistencialismo por parte de poderes separados, cujo efeito não é outro senão o da produção de analfabetismo técnico (pois é preciso dizê-lo de uma vez por todas: o indivíduo metropolitano *não sabe fazer nada*). Impossibilidade, portanto, de habitar e de toda a práxis autônoma, do estar no mundo e de nele deixar impressões como momentos inseparáveis da vida: "Entregam-nos apartamentos já planejados, construídos e equipados; no melhor dos casos, podemos instalar-nos entre quatro paredes alugadas ou compradas enquanto não colocamos nelas nenhum prego. A habitação vê-se reduzida à condição de garagem: garagem para seres humanos na qual pela noite é empilhada a mão de obra junto dos seus meios de transporte. Com a mesma naturalidade com a qual se enchem as caixas de leite, se acomodam pessoas em pares nas garagens-habitações" (Illich, "A reivindicação da casa"). De manipulador e fazedor de técnicas, o humano tecnologicamente inábil torna-se um simples *usuário* de aparelhos e dispositivos já constituídos, generalizando-se na sua expansão uma iatrogenia técnica, ética e existencial na qual o humano "brilha pela sua ausência". Mente, pois, o pensamento liberal quando nos quer fazer crer que o arquiteto e o urbanista não formariam parte do esquadrão de gestores dessa *crise mundial da presença*, já que, nos é dito, a partir do momento em que entregam as suas construções finalizadas e somos

h. × m.

por fim livres para transformar ao nosso bel-prazer os alojamentos que nos desenharam, deixariam de exercer qualquer controle sobre nós. Mas o poder e as disposições estão inicialmente inscritos tanto nesses espaços desenhados como nas subjetivações que tais espaços efetuam, tornando "totalmente impossível que o sujeito do dispositivo use-o 'de forma justa'" (Agamben, *O que é um dispositivo?*), como confirma uma visita ao apartamento de um indivíduo metropolitano qualquer, onde toda a pseudomodificação do agenciamento espacial que lhe foi entregue é indissociável do pagamento a um terceiro profissionalizado ou da compra de algum *gadget* que lhe é oferecido.

Há mais de meio século o conforto e o resguardo perante possíveis ameaças são o principal produto da visão do espaço elaborada pelo urbanismo, o qual procura lugares que concedam imunidade perante um ambiente que se percebe como hostil, nichos existenciais que permitam cobrir todas as "nossas" necessidades. Assim, a racionalidade arquitetônica desenha sem cessar distintos e novíssimos dispositivos capazes de combinar espaços ilhados com a mínima capacidade requerida para entrar em contato com o exterior. Uma situação como a que se ilustra em *High-Rise*[13] não é uma exceção, senão a regra de um modo de vida metropolitano. Tendencialmente, o seu objetivo é que todo o exterior seja apenas uma outra forma do interior: domesticidade antes de mais nada. As distintas opções de alojamento oferecidas são lugares adequados para a imunidade e, com ela, são berços de atomização: dão lugar ao sujeito *idiota*, contente consigo mesmo por ter substituído todo o princípio de comunidade pelo princípio de comodidade. Os megaprojetos de *smart city* que prosperam hoje em dia em escala mundial encontram o seu maior cliente neste indivíduo rígido, totalmente expropriado de sua aptidão de construir, o qual prefere pagar e contribuir para que um bando de especialistas – que hiperproduz "leis sociais feitas por pessoas às quais não estão destinadas, senão para serem aplicadas àquelas que as não fizeram" (Foucault, *A sociedade punitiva*) – se encarregue de temporizar e programar

13 N. da E.: A expressão é também título do romance escrito e publicado em 1975 por J. G. Ballard, que foi revisto em 2015 no filme de mesmo nome dirigido pelo cineasta Ben Wheatley. Em ambos os casos, as tramas se passam na década de 1970 em um prédio de luxo. Com diversas ferramentas de conveniências modernas, o espaço permite que os moradores se desinteressem gradualmente pelo lado de fora e a partir disso a infraestrutura do edifício começa a oferecer inúmeros problemas e falhas, o que faz as tensões entre os habitantes se tornarem irreversíveis.

h. × m.

cronometricamente cada momento da sua vida. Daí a importância que cada vez mais se dá às "nuvens" e à produção-entrega de dados, para o aperfeiçoamento do organograma lubrificado das populações: "Em breve – declarou o ex-diretor executivo da Google, Eric Schmidt – as pessoas já não pedirão mais à Google para fazer uma busca, mas sim: 'qual é a próxima coisa que devo fazer?'". Assim resume também o artigo publicado na primavera de 2016 no *Wall Street Journal* a propósito dos novos planos governamentais postos em prática numa cidade qualquer: "Como parte do seu programa *Smart Nation*, apresentado pelo primeiro-ministro Lee Hsien Loong no final de 2014, Singapura está implantando um número indeterminado de sensores e câmeras por toda essa cidade-Estado, as quais permitirão ao governo monitorá-la totalmente, desde a limpeza dos espaços públicos até a densidade das multidões, ou o movimento exato de qualquer veículo na ilha. Trata-se de um programa de grande alcance que provavelmente afetará a vida de todos e de cada um dos residentes nesse país, e isso de maneiras que não estão completamente claras, dado que muitas das potenciais aplicações não serão conhecidas até que o sistema esteja completamente implementado. Assim, por exemplo, as autoridades já estão desenvolvendo ou usando sistemas que podem dizer-lhes se alguém está fumando em zonas proibidas ou jogando o lixo na rua desde seus apartamentos. Mas os dados recolhidos na fase seguinte – e como são utilizados – irão muito mais longe do que isto. A maioria dos dados serão transferidos para uma plataforma *on-line*, chamada *Virtual Singapore*, que dará ao governo uma visão sem precedentes de como funciona o país em tempo real, permitindo-lhe prever, por exemplo, como poderiam propagar-se doenças contagiosas ou como poderia reagir uma multidão no caso de uma explosão num centro comercial. O governo também planeja partilhar os dados, em alguns casos, com o setor privado".

O êxito desta grande oferta de serviços e a fantasmagoria de sua inevitabilidade explicam-se com uma dialética suja de *double bind*[14] que podemos chamar "círculo institucional": existem instituições porque temos necessidade delas, temos necessidade de instituições porque elas existem. Serviços de medicina, serviços de eletricidade, serviços de escolaridade, serviços de transporte, inclusive serviços de amor,

---

14 N. da E.: Duplo vínculo; quando um indivíduo ou grupo recebe duas ou mais mensagens conflitantes, as quais se negam entre si.

h. × m.

c. n.

são algumas das muitas instâncias de separação da nossa vida em esferas autônomas e sacralizadas fora do nosso controle, garantias da continuação até o infinito da produtividade econômica metropolitana. A dupla pinça que entrelaça esse dispositivo é afirmada e reforçada tanto pelo esquerdista nostálgico do Estado benfeitor, que reivindica a "educação gratuita para todos", como pelo direitista que defende a existência de uma Administração forte porque, sem as suas instituições, "esta sociedade não poderia – ai! ai! ai! – continuar funcionando". O cidadão metropolitano é assim o produto de uma incorporação imunodeficiente dos fluxos e dos ritmos da economia, dos quais depende como se da sua própria respiração se tratasse. É um ser sempre já deslocado da sua situação, que desdobra a sua "jornada social" em função do *tempo* do capital, desde casa até a escola ou o trabalho, para regressar sucessivamente a descansar em sua casa, consumindo e divertindo-se "livremente" no fim de semana ou a cada frágil momento em que isso se torne possível. Para constatar esse desastre afetivo basta dirigir a atenção a qualquer festa metropolitana, nas quais não só se ouve essa música ruim que expressa o ódio ocidental à sensibilidade, mas também se leva adiante por outros meios a mesma alienação do resto da semana, justamente aquela da qual se tentava escapar. Uma festa que se torne "perigosa" é uma festa a qual, para o poder, será necessário controlar, a fim de se desfazer da sua potencialidade de contágio, da sua capacidade de tornar presente uma brecha de *saída definitiva*, não temporal, da ordem capitalista que faz de nós uns viciados da produção.

Metrópole é também *prisão total a céu aberto.* Já conhecemos o argumento: seja qual for o filme, no gênero pós-apocalíptico, chama sempre atenção a estupidez das centenas, milhares ou milhões de sobreviventes (a sobrevivência tornou-se a condição normal do indivíduo metropolitano) que procuram salvar-se no mesmo lugar (arranha-céus, supermercados, esgotos) onde ocorreu a catástrofe (um terremoto, uma invasão de zumbis ou a propagação de um vírus mortal). Na realidade, a dependência dessa ordem de coisas e a ausência de saída no horizonte que todos esses filmes refletem podem ser entendidos como uma propedêutica da resiliência cidadã que visa recompor a unidade metropolitana de fachada diante de qualquer forma possível de catástrofe, entre as quais se inclui um levante popular. Neste sentido, o filme que melhor realiza a metáfora da condição comum de guerra civil de todos e cada

h. × m.

um sob a metrópole é *Titanic*, no qual não importa o quanto alguém se esforce para se manter no topo da hierarquia social enquanto o navio afunda: acabará por afundar. Por sua vez, *O meu jantar com André*, essa grande ode ao teatro de Grotowski, denunciava, em 1981, esta síndrome de Estocolmo que os indivíduos metropolitanos se autoinfligem: "– O que sabe você dos muitos nova-iorquinos que não param de dizer que querem ir embora dessa cidade, mas jamais o fazem? Porque acha que não vão? – Acho que Nova York é o novo modelo de campo de concentração, onde o campo foi construído pelos próprios prisioneiros, os prisioneiros são os guardas e estão muito orgulhosos daquilo que construíram. Construíram a sua própria prisão. Desse modo, vivem num estado de esquizofrenia no qual eles são ao mesmo tempo guardas e prisioneiros. O resultado é que já não têm – depois de terem sido lobotomizados – a capacidade de abandonar a prisão que eles fabricaram, e nem sequer a vêm como uma prisão".

A genealogia de qualquer dos dispositivos de controle que se proliferam e se instalam em cada canto sob a metrópole traz à luz a crueza da estratégia policial, colonial, contrainsurgente que ela contém desde o seu nascimento. Podemos escolher ao acaso alguns desses dispositivos para rastrear como foram concebidos originalmente, algumas vezes para atuar sobre delinquentes reincidentes (registro de impressões digitais), e outras para funcionar "24/7" em vigilância interna das prisões (circuito fechado de televisão). *As tecnologias governamentais implementadas são sempre o resultado de uma importação-exportação constante e pensada a partir das técnicas que se mostraram mais eficazes para extrair o máximo do lucro esperado de certas populações, procurando, dessa forma, nessa seleção, o seu aperfeiçoamento científico ulterior.* Assim, o estado de emergência vigente na França desde 21 de novembro de 2015 é incompreensível sem a sua formulação contrainsurgente de 1955, em plena guerra de independência argelina, do mesmo modo que os campos de concentração nazista não são uma biopolítica que se possa compreender sem ter em conta a sua aplicação prévia por parte do Estado espanhol, para abortar a independência cubana, nos finais do século XIX. Do combate a casos excepcionais em lugares bem delimitados pela ciência policial ou militar, tais dispositivos passaram hoje a aplicar-se de modo normal como políticas governamentais de controle de populações: assim como em sua cidade é possível ser ferido por armas antimotins importadas de Israel, também a

h. × m.

atribuição de um cartão de identificação ou o assédio das câmaras no supermercado são situações já *incorporadas* no cotidiano de qualquer pessoa.

Pensemos nesse sentido no atual processo de normalização da tecnologia dos *drones*, que discreta e progressivamente são introduzidos pela polícia metropolitana como tecnologia comum de controle, o que lhes permite substituir cem das suas unidades humanas por um só *drone*. A genealogia do *drone* nos conduz não a empresas ecológicas do tipo Amazon, repletas de criatividade e de boas intenções, direcionadas para o "bem-estar" do gênero humano, mas sim a *bunkers* militarizados de contrainsurgência em zonas de guerra como a Palestina, o Kosovo ou o Afeganistão. A amplificação em curso da sua instrumentalização civil explica-se por seus benefícios particulares: grande amplitude de visão, risco zero para quem o emprega. "Quando o artefato telecomandado se converte em máquina de guerra, é o próprio inimigo que é tratado como um material perigoso. É eliminado à distância, por alguém que o vê morrer em um simulacro, a partir da cômoda carapaça de uma *safe zone* climatizada. A guerra assimétrica radicaliza-se, tornando-se unilateral. Pois se é certo que ainda há mortos nela, estes produzem-se *apenas em um dos lados*"

(Chamayou, *Teoria do drone*). Uma vez objetivado por ele, todo e qualquer corpo se vê destituído de seus potenciais políticos: um sentimento de insegurança e de exposição sem sombras neutraliza toda a sua atitude autônoma de agir. Por outro lado, é a "população civil" em seu conjunto que se observa a si mesma, calculando escrupulosamente cada um dos seus gestos para não chamar a atenção do "olho que não pestaneja", o qual traz consigo uma tendência para se constituir como delator. Um *drone* produz, portanto, indivíduos neutralizados e massas autovigilantes. Fazendo coincidir procedimentos totalizantes e individualizantes, a proliferação e o endurecimento dos dispositivos de controle operam funções de normalização mais do que meramente punitivas, produzem e modulam um *meio* completamente reticulado, organizado, governado, conduzido de maneira "correta" e sem imprevistos, que tende a fazer coincidir os comportamentos da esquizofrenia metropolitana com os de livre trânsito. Chama poderosamente a atenção que, sob a metrópole como cristalização da sociedade de controle, uma quantidade tão esmagadora de fluxos de turistas e mercadorias implique em tão pouco *movimento*. As infraestruturas da metrópole, desenhadas como sistema de circulação de mercadorias e populações (pleonasmo

h. × m.

intencional: *uma população é ela própria uma mercadoria*), com a sua perene previsibilidade e a sua programação milimétrica, conduzem assim a uma multiplicação de não-lugares onde *nada acontece*. O sedentarismo que abriu caminho ao estabelecimento das cidades perde o seu *topos* sob a metrópole, mas para identificar-se com a abstração difusa e unitária da mercadoria. Nunca havíamos assistido a tantos deslocamentos percorrendo a totalidade desse mundo, sem que houvesse uma emergência de fugas, devires e processos de singularização. O turista metropolitano parte do mesmo para chegar ao mesmo, não só espacial mas também temporalmente, com uma vida de contemplação de arquiteturas que fixam o seu passado, o seu presente e o seu futuro. O já defunto e tão chorado "espaço público" não é hoje mais que um cronograma de controle de movimentos e de atribuição de rotas, que não "nos limitam", mas que promovem uma livre escolha que já dispôs de antemão: "Um controle não é uma disciplina. Em uma estrada, por exemplo, não se contém pessoas, mas ao fazer estradas multiplicam-se os meios de controle. Não digo que essa seja a única finalidade de uma estrada, mas a gente pode dar voltas sem parar, sem estar aprisionado em absoluto, e ao mesmo tempo estar perfeitamente controlado.

Esse é o nosso porvir" (Deleuze, "O que é o ato de criação?"). É por isso que todo o ato de liberdade é tendencialmente considerado pelo governo como um ato de terrorismo, porque a liberdade sai sempre de si para ressoar e multiplicar-se, e o que sai de si é um menosprezo à "propriedade privada", ao "espaço público" e ao "indivíduo livre". A multiplicação de meios de controle coincide assim com uma *guerra psicológica* que persuade as populações – não mediante a violência, mas por meio do medo à violência – para que aceitem e exijam maiores demonstrações de *segurança*: o encanto dos controles radica no fato de, ao contrário das disciplinas, eles terem a virtude de ser democráticos. Essa guerra converte em sinônimos a invisibilidade e o medo: "Se não é 'público' é porque esconde alguma coisa". A instalação de câmeras e o êxito das campanhas de segurança derrotam semioticamente qualquer inclinação a um pouco de invisibilidade: o culto à tirania da transparência absoluta.

Em uma ordem que não reconhece qualquer elemento exterior, o inimigo agora só pode ser *interno*, o que exige um controle generalizado e sem precedentes de todos aqueles lugares do *continuum* metropolitano que representam potencialmente uma desestabilização, uma falha, um Ingovernável, quer dizer: *todos os lugares*.

c. n.

Desse modo, as sociedades de controle oferecem o terreno histórico maior e mais fértil para a paranoia; e as teorias da conspiração convertem-se no estado psicológico comum da cidadania: todo mundo tem o mau pressentimento de que *qualquer um* pode ser o inimigo. Sob a metrópole, a prisão saiu dos seus quatro muros e confunde-se com o resto da malha metropolitana em uma acumulação de dispositivos de controle dos fluxos e das circulações: "Hoje em dia – disse Agamben em uma entrevista –, a exceção e a despolitização penetraram em toda parte. O espaço vídeo-vigiado das cidades contemporâneas é público ou privado, interior ou exterior? Desdobram-se novos espaços: o modelo israelita nos territórios ocupados, composto por todas essas barreiras que excluem os palestinos, foi levado para o Dubai para criar ilhotas turísticas absolutas, hipersecuritizadas". Metrópole é assim *dispositivo total* ou conjunto total de dispositivos. O pesadelo de Guattari, cidades nas quais cada um conta com um registro personificado que determina a licitude ou a ilicitude dos seus movimentos, e que abre ou fecha barreiras para a sua circulação por escritórios, centros comerciais ou bairros especiais da metrópole, torna-se cada dia mais real: o *checkpoint* ou os postos de retenção, tal é o paradigma por excelência da sociedade de controle.

A imposição generalizada de tecnologias e de dispositivos securitários sobre a população faz de cada cidadão, sob a metrópole, um terrorista potencial. Um atentado separatista, um roubo no supermercado, um bloqueio de autoestrada, *a insurreição, equiparada pelo governo com o terrorismo*, são casos que, uma vez registrados, abrem caminho, de um controle virtual permanente, à sua forma mais nua e frontal, momentos de aparição da "mão invisível" do capital que garante "a tranquilidade, a segurança e a ordem" nas suas infraestruturas de poder. São momentos que trazem à luz a evidência da guerra civil mundial em curso, com a sua generalização de paradigmas militares reintroduzidos como modos naturalizados de governo no cotidiano civil, e que pelo caminho corroem todas as distinções clássicas que em outros tempos definiam os conflitos bélicos (público/privado, exterior/interior, criminal/inimigo, militar/civil...), que se tornam cada vez mais indiscerníveis.

h. × m.

miséria do alternativismo, construção positiva de uma potência

Para mim, o grande momento de potência é quando nos damos conta de que já não estamos denunciando as relações de poder, mas sim quando somos capazes de nos arrancarmos do seu alcance.

Uma amiga

Até aqui tentamos desvendar e fazer aparecer os agenciamentos metropolitanos, para expeli-los, desbaratá-los, botá-los em curto-circuito. *Para nós é crucial ter dois tiros de vantagem face à catástrofe metropolitana.* Dissemos certo: "de vantagem"; porque consideramos que a maioria das propostas "primitivistas" de reação antimetropolitana são momentos pertinentes, mas insuficientes para desfazer e desfazer-se da metrópole, na medida em que continuam, apesar disso, a não libertar os seus vestígios políticos ("o campo", "a anarquia", "o proletariado" etc.) da forma que lhes conferiram os poderes governamentais: *continuam a ser modernos,* prisioneiros de uma filosofia da História. Há dois séculos, qualquer revolucionário sabia que "a abolição da antítese entre a cidade e o campo é uma das primeiras condições para a comunidade" (Marx & Engels, *A ideologia alemã*). Esta dialética foi mais que superada nos tempos da metrópole, quando esta fez colidir o campo e a cidade, mas, ao contrário do que se esperava, trouxe consigo um aumento das alienações e uma multiplicação dos dispositivos que se interpõem entre cada um de nós.

Quando nós falamos de "sair da metrópole", enganam-se aqueles que automaticamente ouvem um chamado para "ir para o campo", porque nunca

h. × m.

c. n.

bastará colocar-se neste ou naquele polo de um dispositivo para se desfazer dele, muito menos invertê-los. Aquilo que normalmente se chama "o campo" (para se referir a um espaço de atividades elementares que bastam para viver bem) não conduz a nenhuma saída enquanto não se desativarem as funções que lhe foram atribuídas historicamente pelas economias do poder. Teremos que nos debruçar melhor sobre outro plano de fenomenalidade, distinto daquele que nos deixaram dois miseráveis séculos de historiografia imperial, que nos incutiram, com mil pseudoarcaísmos, as noções de que geografias e calendários diferentes dos hegemônicos só podem ser concebidos como atrasos "pré-modernos", e de que a metrópole não é senão o culminar do caminho racional "da Humanidade", a consumação definitiva do seu plano trans-histórico. No momento em que tenhamos sido capazes de destituir dentro dos mundos que construímos este último plano – sobre o qual o mero ato de cultivar autonomamente remete abjetamente para algo como o "neorrural" ou o "pré-industrial" – teremos alcançado uma de nossas maiores vitórias: "Uma forma social nova não se funda na antiga; são escassas as civilizações sobrepostas. A burguesia pôde triunfar porque travou a batalha no seu terreno, nas cidades.

Isto é tanto mais válido para o comunismo, que não é uma nova sociedade nua nem um novo modo de produção. Hoje não é nas cidades nem nos campos que a humanidade pode travar o combate contra o capital, mas sim *fora de ambos*; daí a necessidade de que apareçam formas comunistas que serão as verdadeiras antagonistas do capital, pontes de concentração de forças revolucionárias" (Camatte, "Contra a domesticação").

Na desqualificação moderna das "sociedades sem Estado" – ou "sem História" –, Clastres identificou um mecanismo político típico para repudiar a existência de todos aqueles agrupamentos que rejeitam a instituição de poderes separados, as relações de comando e obediência, coluna vertebral de todo o sistema baseado na produção infinita e infernal de valor. De acordo com as suas investigações, mais que atrasadas no que diz respeito à formação de um Estado pelo que seria um "escassíssimo desenvolvimento das suas forças produtivas", estas sociedades contariam com uma *vantagem*: são sociedades sem Estado por excesso e não por defeito, pois conjuram permanentemente e por antecipação a emergência de tudo aquilo que poderia vir a pôr fim a um sabá anárquico. Os "primitivos", os piratas, os bruxos, os apaches, os xamãs, os bandidos e outros ingovernáveis

h. × m.

praticam à sua maneira formas heteróclitas de habitar, que se dão sempre em situação: algumas vezes *neste* deserto, outras *neste* bosque ou *nesta* selva, sempre em lugares repletos de hecceidades[15] que são experimentadas no *hic et nunc* [aqui e agora] de determinado habitar, mas nunca em algo como "o campo", apêndice abstrato e subalterno de uma determinada economia de produção, e portanto constrangida pelo modo de digestão desta: "A distinção campo/cidade – como observava Clastres numa entrevista – aparece com e depois da aparição do Estado, porque o Estado, ou a figura do déspota, se fixa imediatamente em um centro [...]. Só há cidade/campo quando existe o Estado, quando existe o chefe, e a sua residência, a sua capital, os seus depósitos, os seus quartéis, os seus templos". A vantagem da qual falamos jaz, assim, fora deste dispositivo, numa *saída* que não está nem "antes" nem "depois" da metrópole, do campo ou da cidade, tratando-se de mundos completamente heterogêneos, incomensuráveis, eticamente incompatíveis. Atuar como primitivo não corresponde a nenhum ponto de isolamento de uma linha cronológica (entre o passado e o futuro), senão a uma potência sempre já presente.

15 N. da T.: "aquilo que é" – algo característico de uma coisa que a faz não ser outra.

Há que deixar claro que a elaboração de uma política heterogênea à ordem capitalista não significa advogar "o novo", nem "o alternativo", categorias inteligíveis apenas no que toca a uma *archê*[16] que comanda e governa um sistema de legibilidades que lança o Outro ao Mesmo. *Alter*, como muitas vezes se esquece, não quer dizer "outro", mas "segundo", o que vem depois de um Primeiro. A "*re*-sistência" ou o "*contra*-poder" são, pois, manifestações de uma política reativa, não servindo para pensar uma saída real dos termos aos quais se opõem. Não é casual que acabem sempre por limitá-los, tornando a alternativa ainda mais amarga e decepcionante: "Imaginar outro sistema equivale a aumentar a nossa integração no sistema presente [...]. Se o que se quer é substituir uma instituição oficial por outra instituição que cumpre as mesmas funções – de forma diferente e melhor –, então já se está absorvido pela estrutura dominante" (Foucault, "Mais além do bem e do mal"). Uma potência, pelo contrário, é índice de si mesma, permanece sempre autônoma em relação a qualquer forma de poder, não o tem como uma norma para ser: "Não precisamos da autorização

---

16 N. da T.: Para a filosofia pré-socrática, seria o elemento que deveria estar presente em todos os momentos da existência de tudo que há no mundo.

h. × m.

dos governos para existir", afirma Dorein, porta-voz dos cayuga, povo em conflito com o Estado canadense e seus patrões transnacionais, que promovem nas suas terras complexos residenciais de luxo e novas infraestruturas de exploração de recursos. Como não deixa de nos mostrar a literatura de Kafka, trata--se sempre de compor um tipo de atuação política que permaneça autônoma e heterogênea, lutando corpo a corpo com a lei sem jamais ceder-lhe terreno, ao mesmo tempo em que persevera a busca de uma saída para fora das suas arquiteturas categoriais.

Para vencer toda a força centrífuga de dispersão, a administração imperial tornou-se inseparável do paradigma da metrópole, porque esta é a configuração ou o sistema mais eficaz para uma governança constante e uniforme das diferenças, diferenças *com respeito* à norma, diferenças *reivindicadas*, ou seja, inscritas no sistema de reconhecimento imperial. A metrópole permite aplicar localmente uma mesma política global, convertendo cada lugar em província do Império, em elo da "Rede" mundial que aglutina as formas de vida a uma conformidade ética com a ordem econômica: "Aqui já não temos que lidar com uma totalização voluntarista *a priori*, mas sim com uma calibração molecular das subjetividades e dos corpos" (*Tiqqun 2*, "Introdução à guerra civil"). O folclore multiculturalista ou a sexualidade desconstruída não são desvios proibidos pela norma, mas sim práticas compatíveis com a configuração imperial do poder em crescente fluidificação de gestão, a sua ala progressista ou alternativa: práticas de negação da metrópole *desde* a metrópole, que já nascem condenadas à morte. *Toda a política de transgressão conflui hoje com a liberalização e a neutralização das paixões conduzidas pela produção mundial de subjetividades.* A história das relações entre terrorismo e antiterrorismo, entre máfias e polícias, entre unitarismos e separatismos estatais testemunham que o Império nunca teve problema em reconhecer as formas de identidade reivindicada; *mas que algumas singularidades façam comunidade sem reivindicar uma identidade, que alguns humanos copertençam sem uma condição representável de pertencimento, isso é o que o Império não pode tolerar em nenhum caso.*

Deleuze e Guattari viram na conformação de um novo nomadismo a possibilidade de erguer máquinas de guerra que quebrariam com a administração despótica do capital. Obviamente, assinalaram que tal nomadismo consistiria hoje em deslocamentos imóveis que escapam aos seus códigos, e não na mobilidade e na simples agitação. As tendências

h. × m.

de desterritorialização e reterritorialização permanentes do capital provam que o movimento pelo movimento, ou estar em diversos espaços e por sua vez em nenhum (*"Belong anywhere!"* [Pertença a qualquer lugar], diz cinicamente uma campanha da Airbnb), coincidem com o imperativo de ausência e com as vidas sem forma da gestão biopolítica de subjetividades. Viajar é uma prática revolucionária que a mercantilização da hospitalidade, ou seja, o aparecimento dos hotéis e o turismo, tirou de nós e neutralizou. Atividades de ócio como o *couchsurfing*, o eco-turismo ou o PodShare oferecidos a mochileiros, em vez de serem uma alternativa ao turismo dominante (*"Don't go there, live there"* [Não vá para lá, viva lá]), reproduzem a mesma ausência de mundo de pessoas que não se vinculam com o singular e com o vivível de cada território, mas que transitam de forma compulsiva de um local para outro, que aspiram consumir o mundo inteiro guiados por um ideal humanista degradado em substituições e *slogans* do tipo *"Nada é capaz de te deter, os limites quem coloca é você!"*. Este é sem dúvida o lema da metrópole, que estes indivíduos trazem sempre consigo nas suas mochilas, por mais que pretendam fugir dela e da sua miséria congênita.

Sair planeta afora em busca de aventuras é uma aspiração alta demais quando os bairros onde o mochileiro vive o resto do ano permanecem invisíveis, escondidos e suspensos. A organização interna do seu microcosmo reflete ponto por ponto o espaço "exterior" ao qual pretende escapar: quanto mais o nega lerda e individualmente, mais o reencontra nas suas condutas, hábitos e gestos, emergidos especularmente de uma pobreza de mundo, de experiência e de espírito. Na sua obstinação por prescindir de todo o lugar e de toda a forma concreta, ignora que a metrópole é o não-lugar por excelência e a incessante dissolução de todas as formas. Parece que se ignora que nos próprios pressupostos de toda a ordem jurídica já estão contidas as suas exceções, que o descumprimento de uma norma é só outra forma de cumpri-la. O abandono do direito ou o deixar de respeitar ordens são pouca coisa enquanto se permanecer ligado, eticamente conformado, aos poderes constituídos que ainda não foram depostos: sob o isomorfismo imperial podemos ser punk, "pornoterrorista", ou doutor em Estudos Subalternos, mas ao mesmo tempo ansiar por férias, reclamar direitos de autor e não roubar no supermercado; ou seja, não levar a cabo nenhum ato decidido de secessão.

h. × m.

Hoje, mais do que nunca, se testemunha a solidariedade da Crítica com um regime verdadeiramente caduco, quando aqueles que "criticam" atualmente não são mais do que bobos da corte a dizer verdades que se tornaram inofensivas, como antes se injuriava momentaneamente o rei a fim de fazê-lo rir. Torna-se assim manifesto que suspender *uma* lei não é o mesmo que *destituir* a lei. De modo que, *fazer secessão com a ordem global de governo* é hoje um gesto de constituição possível de formas de vida heterogêneas e polimorfas que tornam inoperantes as obras da economia e do direito. E é talvez, também, a única maneira de libertar um espaço de seu ser-província-para-o-Império, sem que cada um dos movimentos que ocorrem em seu seio esteja sincronicamente ditado pelo *tempo* global do capital.

Uma política sem reação sabe, então, que lutar coincide integralmente com perfurar, abrir brechas, virar a guerra civil e o estado de exceção a nosso favor, introduzir a separação lá onde o inimigo pretende nos reduzir a uma ilusória unidade pós-política. Quando este momento secessionista de saída se torna descuidado, o atuar político coagula-se em militantismo: os "projetos de liberação" substituem as *práticas de liberdade*, as únicas nas quais se experimenta aqui e agora uma felicidade ativa, independente na sua plenitude daquilo que não depende de nós, o reino metropolitano da separação. A confusão daqueles que se dirigem não contra o poder ou a ordem jurídica enquanto tal, mas contra uma determinada figura histórica, permite sempre que surja uma nova recomposição do poder. Já na década de 1970, numa discussão com outros operaístas[17], Tronti formulou de maneira certeira: "A classe operária, sobre a base da luta dentro da relação de produção, pode vencer apenas ocasionalmente. Estrategicamente não vence, continua a ser classe e, em todo o caso, classe dominada". O estratégico, para a nossa vitória, reside, portanto, em deixar de oferecer ao poder soberano, desde o primeiro momento, um ponto de apoio reconfortante, em retirar-lhe qualquer possibilidade de nos inscrever dentro do seu domínio, a fim de que este se fortaleça na mesma medida em que nós perdemos força política. Isto nos leva de volta à questão *da construção do Partido*, não como organização esclerosada na qual as diferenças se anulam para se alcançar uma síntese

17 N. da E.: Operaísmo – Movimento político nascido na Itália da década de 50, buscava a renovação das teorias marxistas diante dos impasses estabelecidos no período do pós-Guerra em relação aos movimentos operários. No correr dos anos 1970, inúmeras correntes operaístas se envolvem com a autonomia.

h. × m.

final, mas como plano de consistência que agrupa transversalmente a pluralidade de formas de vida que se organizam fora e contra o capital, "manifestando a heterogeneidade do elemento anárquico e anômico que o Estado moderno não pode abolir, para deixá-lo atuar como potência puramente destituinte" (Agamben, *O uso dos corpos*). Secessão e autonomia são, neste sentido, os operadores políticos deste partisanismo[18] destituinte.

Na sua administração do estado de coisas presente, o cadáver metropolitano retém toda a explosão de tal elemento, conservando ou revolucionando de mil maneiras possíveis algumas condições miseráveis de existência que destroem a possibilidade de qualquer encontro, de qualquer fuga ou ruptura: apartamentos-cela ou jornadas auschwitzianas no transporte público atuam sem cessar para impedir qualquer forma determinada de secessão. A "tolerância" da ordem presente é assim a coisa mais bem repartida neste mundo, entre indivíduos que estão sempre ocupados em pensar levar avante

18 N. da E.: Eram chamados de *partisan* os membros de movimentos de resistência organizados para se opor à ocupação e ao controle estrangeiro de algum território. É um termo que se popularizou durante a Segunda Guerra Mundial, referindo-se aos grupos que lutaram contra a investida alemã, principalmente no Leste Europeu.

"a sua" vida em vez de concentrar as suas forças na construção comum de uma autonomia real: "Os homens, que de repente se sentem iguais, não chegaram a sê-lo de forma efetiva e duradoura. Voltam às suas casas separadas, deitam-se nas suas próprias camas. Conservam a sua propriedade, não renunciam ao seu nome. Não repudiam os seus, não escapam da sua família" (Canetti, *Massa e poder*). Já nos momentos de "solidariedade" militante com alguma luta – localizada preferivelmente no outro lado do planeta ou própria das minorias que são tidas por mais longínquas –, vemos como aquela que se reduz a uma abordagem moral, consistente em ações simbólicas e em uma denúncia distanciada da "sua" situação, sem jamais se agregar e conspirar conjuntamente para entrar materialmente em contato e em estratégia. Vencer a solidão organizada pela metrópole coincide assim com a elaboração de densidades afetivas e de maneiras de convivialidade mais fortes do que todas as neces- sidades pressupostas-produzidas pelo paradigma de governo, que nos incapacitam e nos separam de nossa própria potência. Trata-se, portanto, de procurar uma presença íntegra a partir da qual possamos nos orga- nizar para tomar em nossas mãos cada um dos detalhes de nossa existência, por mais ínfimos que sejam, *porque o ínfimo é também domínio do poder.* No seu conjunto, isto passa necessariamente por romper com as individualidades e com as massas metropolitanas; passa, pois, pelo encontro com os aliados e pela formação de um novo povo, onde os afetos e os saberes autônomos expulsem do meio de nós qualquer "especialista" em governo e biopolítica. Em outras palavras, a construção do Partido coincide, por um lado, com a formação de um "nós" que ressoe também quando alguém diz "eu" e, por outro, com tornar consistente o mais radical desta época, para devir em comum uma força histórica autônoma que não partilhe em nada com o capital.

habitar, quer dizer, destituir o governo

Antes da teoria, iniciativas de povos indígenas como o Congresso Nacional Indígena ou as comissões zapatistas de encontros internacionais começaram a dissipar os poderes metropolitanos de separação, experimentando e colocando-se em contato com aquilo a que Benjamin chamava a "tradição dos oprimidos". Encontros que conectam a generalidade destas lutas com uma história de colonização, com cinco séculos de pilhagem de terras e bens comunais, cinco séculos de dominação, exploração e discriminação. Kiko, guerreiro do povo *taíno*, intervém assim durante o encontro de povos indígenas da América de 2007 organizado em Vícam, território de luta *yaqui*: "O homem branco jamais foi confrontado por todos os indígenas juntos. Durante anos, cada povo enfrentou-o de maneira separada e, apesar disso, lhes causamos danos consideráveis. Foram batalhas individuais, mas a verdadeira guerra virá quando todos os nossos guerreiros se juntarem de norte a sul, de leste a oeste. [...] Nós acreditamos nas profecias de nossos antepassados, que dizem que o tempo de purificação está chegando. Acreditamos que já é tempo de nos alinharmos com os furacões, as inundações, as tempestades, os tornados e os *tsunamis*. Apenas o fato de sermos indígenas não nos garante uma entrada no próximo mundo,

h. × m.

só os que lutam poderão sobreviver". A atenção que as comunidades indígenas prestam à terra e aos territórios como constitutivos de suas formas de vida ainda tem muito que ensinar ao "utopismo" dos militantes metropolitanos e, mais decisivamente, a quem se proponha a orientar em um sentido revolucionário. Sabe-se que os povoados de índios *comuneros*[19] colocam sempre a terra no centro dos quatro elementos fundamentais de sua forma de vida comunal, pois, sem ela, os outros (o *tequio*[20], a assembleia e a festa comunais) não seriam possíveis: "Do seio da terra brotamos, é ela quem nos provê os frutos para o nosso sustento e nos guarda em suas entranhas quando morremos. [...] É a terra quem nos comuna, tanto aos *jaa'y* ['humano' na língua *mixe*] como a estes e aos demais seres vivos. A sociedade egoísta, privatizante, despótica, autoritária, monetarista é a que melhor pode fazer-nos entender a comunalidade, porque se trata do seu contrário" (Floriberto Díaz, "Princípios comunitários e direitos indígenas").

19 N. da E.: O termo tem origem na Revolta dos Comuneros, acontecida no século XVI, em Castela, na qual pequenos burgueses e plebeus se uniram na tentativa de derrubar a Coroa e instituir governo próprio.

20 N. da E.: Termo utilizado no México para designar trabalhos coletivos não remunerados, exercidos pelos habitantes de uma comunidade.

Cabe pensar que é esta atenção à terra o que permitiu que os seus princípios comunitários perdurassem até hoje, apesar de cinco séculos de opressão. Perdurar não enquanto "conservar", pois seria um erro pensar que se tratam de comunidades imutáveis, que se mantiveram idênticas à margem da passagem do tempo, como uma peça de museu. A dimensão comunal destes povos não consiste numa natureza biológica ou culturalmente pré-constituída, senão, mais simplesmente, num conjunto de práticas imemoriais e singulares por meio das quais se torna possível a vida própria, autônoma.

"Terra e liberdade" é uma intensidade que, ontem como hoje, atravessou e continuará a atravessar levantamentos populares em todas as partes do mundo. O que nela está em jogo é o fortalecimento desse domínio vernacular em que as terras, os usos, os costumes, as construções, as técnicas, as línguas, os saberes e as lembranças formam um arquipélago autônomo que, situado sempre nas exigências mais próprias das formas de vida agregadas em comunidade, não pode ser objeto de troca nem adquirido em nenhum mercado. A substituição abstrata de espaços e de tempos sob o capitalismo choca assim, em cada uma das suas ofensivas, com esses povos *situados*,

c. n.

que são desqualificados com lamentos contra a sua "resistência à mudança", contra as suas formas de vida demasiado "fixas": "São uma horda de *apegados*, condenam-se a uma vida de *subsistência*. Assim sendo, não conseguirão outra coisa senão *fragmentar-se* como os Balcãs, continuar no *subdesenvolvimento*. Exigimos ao Estado vigente não passar em branco essa autonomia *ilegítima* e pôr as coisas em ordem para a entrada de uma democracia tecnologicamente administrada. E isto para o seu próprio bem, pois representam potencialmente uma força *separatista* para a sua nação". Em contato com estas histórias, aqueles que cresceram na metrópole percebem-se hoje desprovidos de um *ethos* de enraizamento semelhante ao dos povos indígenas, de toda a tradição na qual estejam de imediato imersos e que se manifeste já nos próprios trajes que vestem, nas formas de trato e de reciprocidade mais cotidianas ou nas armas que empunham e fabricam. Isso nos remete de novo para a história do processo moderno de dissociação entre os humanos proletarizados e as suas condições de vida, chaga originária das sociedades ocidentais. Trata-se também da história do fim das comunas da Idade Média europeia, quando as novas potências estatais se propuseram a acabar com aquelas cidades, comarcas e grêmios que foram constituídos, às vezes após longas e violentas lutas, como zonas livres e autônomas em relação aos poderes senhoriais. Tal destruição anda de mãos dadas com a apropriação de terras comunais pelos latifundiários e Estados, que alcançou talvez o seu estado atual já no século XIX, quando "se perdeu, como é lógico, até a lembrança da ligação que existia entre o agricultor e os bens comunais" (Marx, *O Capital*). A formação da classe operária varreu desde então todo o comportamento plebeu, com toda a reticência ao trabalho e a ser governado, com todo o assentamento territorial autônomo.

A política que vem distingue-se, portanto, pela recuperação do nexo fundamental entre habitantes e territórios. Em cada sobressalto insurrecional aparece uma nova época histórica, desde o Curdistão até Chiapas, passando pela formação de uma comuna na praça de uma cidade ou por uma tropa de novos *comuneros* em secessão com as suas sociedades "avançadas". Em cada um destes momentos, o niilismo metropolitano – especialista em devastar o caminho entre um e outro, ou seja, a amizade – vê-se bruscamente ultrapassado, quando se vira as costas para essas tecnologias que organizam insensivelmente as nossas vidas, e se atualiza a faculdade mais elementar e política de todas: o fazer autônomo, *um fazer sem eles,* que coincide integralmente com

h. × m.

a constituição de uma forma de vida. Compreende-se então a função essencial que joga o habitar de volta à terra, que na sua plenitude faz aparecer um mais além da metrópole, um mais além no qual cabe perseverar. *Habitar é devir ingovernável*, é força de um vínculo e tecido de relações autônomas. É o aperfeiçoamento da alegria de contemplar-se a si mesmos e à própria potência de atuar, o que quer dizer que fora da conexão com esta ordem das coisas não só não há essa penúria econômica que os poderes que governam erguem para continuar a governar – essa "guerra de todos contra todos", esse caos que não é mais que um reflexo do despotismo imperial –, como também a possibilidade de uma abundância de meios partilhados, esse pôr em comum por pessoas que aprenderam a viver-e-lutar juntas: "A fúria da revolta – diz o camarada Marcello Tarì – não está separada da inteligência que constrói a possibilidade de viver de outra maneira. A cooperação vivida na sabotagem da metrópole é a mesma que é capaz de construir uma comuna. Saber levantar uma barricada não quer dizer muito se ao mesmo tempo não se sabe como viver atrás dela". Uma vez destituído por meio da insurreição o cadáver metropolitano, não apenas não sobrevém nenhuma catástrofe, como põe-se um freio decisivo à catástrofe que *já aqui está*.

Neste sentido, o mérito dos escritos de Raúl Zibechi reside no fato de ter sabido rastrear múltiplas ocasiões em que *o povo aparece*, à custa de um governo que não atua senão para triturá-lo, fazê-lo miserável, conter a revolução. De forma mais proveitosa, Zibechi dirige a sua atenção não aos "grandes processos a partir de cima" que se deram na América Latina e que só interessam aos catecúmenos[21] de uma nova hegemonia de esquerdas, mas aos bairros ou zonas de exceção afastadas sistematicamente de toda a proteção governamental, nos quais a vida começa a organizar-se nas frestas, nos quais a cooperação e a cumplicidade se expandem e as arquiteturas, que estavam cada vez mais postas para conter pessoas cada vez mais vulneráveis, são superadas, dando-lhe usos impensáveis, perdendo-se assim os fins para os quais tinham sido previstas. Assim, por exemplo, a comunidade Chico Mendes transformou uma favela no Rio de Janeiro, antes entregue ao narcotráfico e à violência, em uma zona que expulsou a ocupação policial e que é capaz de organizar autonomamente não só as redes de distribuição de água e de eletricidade, como também a educação, a habitação e o

21 N. da E.: Na crença cristã, aquele que se prepara para receber o batismo.

h. × **m.**

c. n.

entretenimento de cerca de 25.000 habitantes, tomando em suas mãos aquilo que a esfera política tinha monopolizado e separado para institucionalizar: "Todos os trabalhos realizados, desde o esporte até as escolas e os grupos de investimento, ou seja, tudo o que é construção de comunidade, tem como norte a criação de um poder popular. Com uma dupla vertente: que sejam iniciativas exteriores ao mercado e ao Estado (não recebem nada dos governos) e que a gestão se dê pelos mesmos membros do movimento, de forma coletiva. [...] O trabalho de formiga de todos os dias pode parecer pouco, mas se sabe que não há outro caminho". Entre as ruínas do desastre da vida metropolitana aparece então um *habitar*, uma reconquista da presença sobre o mundo.

não há revolta metropolitana,
apenas revolta contra a metrópole

Quando as infraestruturas do poder são superadas, debilita-se essa aversão – coagulada em edifícios de metal e concreto que aspiram durar para sempre – que a metrópole tem à *contingência*. Os impactos não programados, a manifestação que sai fora de controle ou os cataclismos naturais estabelecem de igual forma a turva continuidade desse espectro de agonia interminável que não extrai a sua vitalidade senão daqueles que se abandonam aos seus simulacros. Verticalmente detido, traça-se uma linha de fuga para uma vida que se organiza por si mesma, para uma vida que reconhece o cadáver que são, *desde já,* todas essas arquiteturas que conglomeram milhões numa participação passiva no Grande Sonho. O que nesses momentos se torna manifesto é que as paisagens arquitetônicas não têm nenhuma existência superior, que, pelo contrário, são passageiras, materialmente contingentes; *que o que foi historicamente construído pode ser politicamente derrubado*: "A destruição de imagens que representam algo é a destruição de uma hierarquia que já não se reconhece. Atacam-se assim as distâncias habituais, que estão à vista de todos e governam por todos os lados. A expressão da sua permanência era a sua dureza; existiram desde há muito tempo, desde sempre, segundo se crê, erguidas e irremovíveis;

h. × m.

c. n.

e era impossível alguém aproximar-se delas com intenção hostil. Agora estão caídas, em escombros" (*Massa e poder*, Canetti, *op. cit.*). Dirigir toda a catástrofe já ocorrida em direção a um efeito de ruína da metrópole, para tornar consistente a ingovernabilidade antes que o governo espetacularize o acontecimento e se proclame "defensor da humanidade", essa é a tarefa do nosso Partido: a organização popular depois do furacão Katrina é um belo exemplo desta política.

Nada diferente deste desbordamento popular dos aparelhos de governo foi o que ocorreu após o terremoto de 19 de setembro de 1985 na Cidade do México, ou, mais recentemente, após o novo sismo registrado exatamente 32 anos depois. Assim, a infâmia e o descrédito do governo foi para todos patente, e não apenas em termos negativos, pela ausência dos seus serviços de auxílio: o que na realidade ocorreu foi que, ao se encontrarem, milhares de pessoas deixaram de esperar dele qualquer migalha, a tal ponto que começar a retirar escombros, auxiliar os feridos, transportar mantimentos ou reconstruir casas foi o resultado, não de uma "solidariedade" cidadã e quimérica, mas de uma práxis imediata sem governo. Aquela experiência continua tão presente no imaginário histórico dos mexicanos que o terremoto de 2017 foi rapidamente assimilado a essas mesmas possibilidades por todas as partes envolvidas. Assim, em menos de uma hora milhares de pessoas saíram à rua para avaliar os estragos do sismo nesta cidade, mas também em Oaxaca, Morelos, Puebla e outras zonas afetadas, organizando as brigadas e resgatando as pessoas presas, sem necessidade nenhuma de chamar o governo, práticas nas quais vimos surgir, imediatamente, novas linguagens, novas formas de abordagem que suspenderam essa desconfiança metropolitana generalizada, que nos impede de comunicar para além de um "Você pode me dizer que horas são?". Com efeito, uma vez mais, os aparelhos do governo foram sendo manifestamente superados por milhares de pessoas anônimas sem nenhuma adesão institucional, ou que pelo menos a tinham deixado para trás por alguns dias em favor da conspiração coletiva sem mediação burocrática. Mas então, à medida que o "efeito Einstürzende Neubauten"[22] se tornava cada

22 N. da E.: Banda alemã dos anos 1980, uma das pioneiras da música industrial. O uso pouco ortodoxo de alguns materiais, as performances no palco, as tensões sonoras, fizeram com que a banda se aproximasse da elaboração de uma espécie de antimúsica, contrária à sociedade de consumo, e espelho de uma Alemanha dividida. O nome da banda pode ser livremente traduzida como "Prédios Novos Desabando" ou "Prédios Novos em Colapso".

h. × m.

c. n.

vez mais visível, ou seja, à medida que se tornavam manifestas as corrupções estatais, partidárias e financeiras em todas as frágeis construções pós-1985 que agora caíam como castelos de cartas, decretou-se crime de lesa-pátria para todos aqueles que se organizaram por si mesmos: os militares lançaram-se ao cerco contrainsurrecional dos edifícios derrubados, o circo midiático começou a tagarelar, os mantimentos foram regulados pelos poderes institucionais e as doações autônomas que já estavam à caminho foram confiscadas pelo governo e outros grupos. Só o curso ainda não encerrado dos acontecimentos permitirá dar a vitória a uma ou outra das partes.

Quando o nosso Partido arrebata um espaço da infecciosa gestão imperial, não basta deixá-lo tal como estava, e sobrevoá-lo como já antes se fazia, mas trata-se de torná-lo positiva e irreversivelmente *autônomo*, ou seja, destruir toda a possibilidade de que as forças policiais o recuperem, e isto só se consegue habitando-o, ancorando-se duradouramente e sem vazios, com todo um povo conformando-se em *força anónima ingovernável:* "Cada espaço conquistado do Império, do meio hostil, tem que se corresponder com a nossa capacidade para preenchê-lo, para configurá-lo, para habitá-lo.

Nada é pior do que uma vitória com a qual não se sabe o que fazer" (*Tiqqun 2,* "Isto não é um programa"). Em 2006 o governo acabou com a Comuna de Oaxaca não só por meio da ocupação policial, mas também mediante programas de embelezamento urbano nos locais onde a polícia não podia atuar livremente; programas que apenas ocultavam o que se entendia realmente por "recuperação do espaço público", ou seja: a recolonização e a neutralização dos espaços que haviam sido postos em comum, a sua assimilação a uma esfera mercantil separada de qualquer uso. Perante uma situação de ingovernabilidade, em que as praças favoreciam os encontros por meio do cuidado do bairro e do coletivo, o governo, preocupado porque a revolta acarretou "perdas milionárias" para a indústria turística em Oaxaca, lançou-se então a uma remodelação completa da cidade. Além da praga fachadista que era de se esperar para as zonas mais centrais e turísticas, foram também reconfigurados todos os bairros periféricos. Os pontos de encontro foram neutralizados com novos elementos de mobiliário urbano e distribuições que dificultavam toda a forma de assentamento, fez-se terra arrasada de qualquer refúgio eventual, e até mesmo as menores praças foram interditadas ou cobertas de concreto.

h. × m.

c. n.

O objetivo era que outra insurreição como a daquele ano não pudesse voltar a ter lugar numa Capital Cultural do Mundo tão bela.

Não pode haver habitar *na* metrópole, o inabitável por excelência, senão apenas *contra* a metrópole, invariavelmente. Quando duas ou mais pessoas se aliam e começam a conspirar juntas, quando outras mais começam a amar-se à margem da axiomática capitalista, quando um espaço conquista uma profundidade e uma forma de vida, *a metrópole já não tem lugar,* cessa de se sobrepor às nossas existências e às nossas territorialidades. Considerando que a metrópole é a negação consumada do habitar, o habitar tem que começar a se desvincular da metrópole. Neste sentido, *todo o habitar dá-se sempre no fora.* E se habitar é entrar em contato com todas as escalas e detalhes de nossas existências, também é devir autônomo em sentido amplo. Lemos em *Aos nossos amigos*: "Uma perspectiva revolucionária já não tem que ver com a reorganização institucional da sociedade, mas com a configuração técnica dos mundos". E diz também: "Para destituir o poder não basta, portanto, vencê-lo na rua, desmantelar os seus aparelhos, incendiar os seus símbolos. Destituir o poder é privá-lo de seu fundamento. Isso é o que precisamente fazem as insurreições".

Aqui a expressão *habitar insurrecional* adquire todo o seu sentido, pois é habitando plenamente que o princípio governamental se priva de qualquer poder sobre nós mesmos. Para dizê-lo de forma breve: *depor os poderes que nos governam coincide ou tende a coincidir com um fazer sem eles, e vice-versa*. Na ZAD de Notre-Dame-des-Landes, alguns companheiros dizem o seguinte: "Habitamos aqui, e isso não é dizer pouco. Habitar não é alojar-se. Um alojamento não é nada senão uma casinha, na qual as pessoas são 'alojadas', para o bem e para o mal, depois de sua jornada de trabalho e à espera da seguinte. É uma jaula cujos muros nos são alheios. Habitar é outra coisa. É um entrelaçamento de vínculos. É pertencer aos lugares na mesma medida em que eles nos pertencem. É não ser indiferente às coisas que nos rodeiam, é criar laços: com as pessoas, com os ambientes, com os campos, com as sebes, com os bosques, com as casas, com tal planta que repousa no mesmo espaço, com tal animal que normalmente se vê ali. É ter alicerce e possibilidades abertas nos nossos espaços. É o oposto dos pesadelos da metrópole, dos quais só temos que nos desfazer".

Que o habitar possa ser mais forte que a metrópole é algo que testemunha cada tentativa de expulsão de habitantes das suas terras, desde o Vietcong até os

h. × **m.**

ZADistas, quando o uso habitual e o tato territorial superam com facilidade a tosquice e a falta de destreza de policiais e militares, que não sabem atravessar um território senão para dominá-lo, esmagá-lo e desolá-lo. No habitar também está em causa uma experimentação dos territórios completamente heterogênea em relação àquela com a qual os urbanistas e os gestores metropolitanos fantasiam. Habitar um território é, em primeiro lugar, experimentar *territorialmente* a nós mesmos, ou seja, no interior de um processo de despersonalização que, como o vento, supera qualquer designação de fronteiras e abre mil possibilidades. Habitar cancela, por um lado, toda a cartografia, toda a concepção burocrática da realidade que contraponha o Eu soberano ao conjunto de entes sobre os quais ele opera. Não há *management* do real, apenas da sua caricatura. O mapa é uma listagem e uma organização dos dispositivos projetados sobre um território a ser governado. Trata-se de uma linguagem econômica incompatível com a da revolta, que é sempre irrupção no estado de coisas, não apenas distribuição das cartas, mas também um outro uso das regras do jogo. Como mapear uma revolta? Como ato político ela é irrepresentável, é *o próprio* irrepresentável. O mapa pode nos servir, em todo o caso, para *planejar* um bloqueio ou uma sabotagem, mas o bloqueio e a sabotagem em si, que ocorrem aqui e agora, dizem menos respeito a uma superfície projetada do que a uma *interfície experimentada*. Pensemos, neste sentido, na experiência nômade dos espaços, por exemplo, do povo *walpiri*, no norte da Austrália: diversos antropólogos representaram minuciosamente os seus percursos, mas centenas de esboços não bastam para traduzir a experiência situada que os *walpiri* têm dos territórios, que é melhor narrada em cantos e ritmos, e não em uma lista de coisas. Estes cantos e estes ritmos amplificam as relações cotidianas que se estabelecem com os territórios, vinculando cada lugar a uma anedota, uma aventura, um mito, uma hecceidade. Assim, por exemplo, o seu vocabulário é composto por termos como *ngapa* (chuva), *waityawarnu* (sementes), *ngarrka* (homem iniciado), *ngatijim* (papagaio verde), cujas tradições são apenas aproximadas, porque não encontramos em outros idiomas os afetos que aí têm lugar. Habitar o real em vez de governá-lo já é uma forma de subversão da metrópole, é a criação de um plano de ingovernabilidade, é rejeitar o desejo demasiado humano de que *tudo* seja canalizável, redutível a uma forma de governo. No habitar se espalha a construção de uma nova geografia na qual as formas de vida

h. × m.

c. n.

entram em intimidade com o mais sensível de um território, prolongando-se, plurificando-se, ganhando em presença e não em representação.

Habitar em vez de governar implica uma ruptura com toda a lógica produtivista, lógica que reflete a execução compulsiva de uma práxis separada que renega o que está aí, que aspira a não estar situada jamais, a não ser localizável, a não prestar atenção aos fenômenos. Neste sentido, a solidariedade de Antonio Negri com o niilismo anárquico do capital torna-se de todo patente quando define o seu poder constituinte como "procedimento absoluto, onipotente e expansivo, ilimitado e não submetido a fins" ou, em outras palavras, como "o absoluto de uma ausência, um vazio infinito de possibilidades". Uma práxis que parte do nada, que surge da vontade deslocada, é indissociável da reificação[23] capitalista do mundo. É bem possível que a autonomia dos objetos tenha surgido em nosso mundo a partir de uma percepção do domínio da manufatura de artefatos como uma coisa totalmente distinta do cultivo e da criação de plantas

23 N. da E.: Qualquer processo de realidade social ou subjetiva de caráter dinâmico e criativo, que passa a ter características de algo inorgânico, acarretando em automatismos, perda de autonomia e consciência – ou seja, o mesmo que "coisificação" numa relação sujeito-objeto convencional.

e animais e, de maneira geral, a partir da consideração de que haveria algo como uma esfera do artificial totalmente separada do natural. Que tenha surgido do fato de estar vinculada a agregados compostos de outros agregados – aquilo a que Espinosa chamava natureza –, com a extensão das relações de produção industrial, a vida é colocada sob um círculo de coisas que são compreendidas como não naturais e como derivadas exclusivamente do trabalho: a criatividade, a tecnologia e o suor dos humanos. Naturalmente, a objetivação e a subordinação de animais e de outros seres sob os poderes humanos foi expandindo com o passar dos anos, até alcançar os próprios sujeitos objetivadores: a vida humana, depois de ter sido convertida no principal objeto das ciências de governo e da polícia, é hoje em dia o capital mais precioso a se incentivar e promover.

Aqui mostram-se cruciais as investigações de antropólogos como Tim Ingold, que defende que a distinção entre "produzir" e "coletar", que dá a base para este assunto, não só não existia entre agricultores e pastores do passado, como ainda hoje os índios *achuar* ou os habitantes do monte Hagen – e na verdade a maioria das agrupações humanas, menos as ocidentais – percebem a sua fabricação

h. × m.

c. n.

ou produção de "coisas", e em geral todo o fazer, de um modo nada distinto do cultivo, de um "fazer crescer": "A consideração ocidental ortodoxa estende a ideia de *fazer* do domínio das coisas inanimadas ao dos animais. Proponho, muito pelo contrário, que a ideia de *cultivar* possa ser estendida na direção oposta: do animado ao inanimado. Também é cultivo tudo aquilo a que chamamos de 'coisas'. Na prática, durante a manufatura de artefatos dá-se mais do que a transcrição mecânica de um desenho ou plano, idealizado mediante um processo intelectual da razão, sobre uma substância inerte. [...] Longe de 'estampar o selo da sua vontade sobre a Terra', utilizando a frase imperialista de Engels, aqueles que trabalham a terra – limpando os campos, removendo a terra, semeando, limpando, ceifando, pastoreando os seus rebanhos e manadas ou alimentando os animais nos seus estábulos – auxiliam na reprodução da natureza e, por extensão, da sua própria espécie" (*The Perception of the Environment*). Um passo a mais no delírio alucinante da produção, que a arrogância humana de "criar" seja hegemônica sob a metrópole (já não só entre artistas, mas também entre geneticistas, mercadólogos ou filósofos), só pode atribuir-se a uma consumada falta de vínculo com o mundo, a uma pobreza de situação.

Assim, pois, no deslocamento do fazer desde a sua concepção burocrático-humanista a uma de puro acompanhamento no florescimento de formas, nós levamos a cabo uma reconquista de presença, uma *situalização* que supõe a constituição de intimidade e a sua experiência entre seres e mundo. E é neste ser-em-situação que poderá finalmente ter lugar uma potência destituinte, que abre um caminho para além do que figura esta época.

h. × m.

elementos para uma não-arquitetura: a construção vernacular

Haverá uma medida sobre a terra?
Não há nenhuma.

Hölderlin

Podemos dar um exemplo concreto desta habitabilidade, deste acompanhamento das formas em relação à sua presença, a partir daquilo que os antropólogos denominaram de "arquiteturas vernáculas", e os nossos leitores mais sutis saberão observar o modo em que se esgotam os próprios modelos daquilo que estamos habituados a identificar sob o nome de arquitetura, sendo um conceito-limite que a põe radicalmente em crise. Iremos expor marginalmente também uma axiomática destas intuições, que constituiriam algo que preferimos chamar, por falta de outro nome, uma "não-arquitetura" ou anarquitetura, a qual nos permite pensar a construção vernacular à margem dos fundamentos arquitetônicos que canalizam nas suas categorias toda a forma possível de construção. Se a construção vernacular repele mundialmente a ofensiva metropolitana como continuação das forças de um bosque, uma selva ou um deserto, a não-arquitetura supera a circulação, quebra a eficácia infraestrutural da metrópole. O barril de Diógenes[24] é, neste sentido, um exemplo perfeito de não-arquitetura.

24 N. da E.: Filósofo cínico, dedicou a vida a desbancar os valores e instituições do que acreditava ser uma sociedade corrupta, negando qualquer ação ou consumir qualquer coisa que o desviasse da autossuficiência e de uma vida natural. Conta-se que morou em um grande barril.

h. × m.

c. n.

Retomando os materiais do ambiente para lidar com o ambiente, em uma construção vernácula (sempre singular, situada e insubstituível) o problema do habitar nunca se resolve por completo. Se nela não há nenhuma obra a terminar é porque se trata mais de um processo, de um *devir* reticente a qualquer síntese final: a individuação de, por exemplo, uma morada, jamais esgota todos os seus potenciais pré-individuais, encontrando-se inscrita numa evolução constante e variável. "Por conseguinte, a boa forma já não é a forma estabilizada, fixa [...], mas sim aquela rica de um potencial energético, carregado de transduções[25] por vir. A boa forma não cessa de fazer pensar e, neste sentido, de engendrar individuações ulteriores, no sentido de que ela permite antecipar individua-ções por vir. Desta forma, a informação conduzida pelos movimentos transdutores deixa de se conceber como a transmissão de uma mensagem codificada já estabelecida, enviada por um emissor e transmitida a um receptor, mas sim como a tomada de forma [...] que, a partir de um campo trabalhado de tensões pré-individuais, pelo mesmo movimento no qual a

---

25 N. da E.: Processo pelo qual uma energia se transforma em outra.

forma se individualiza, informa o sentido noético[26] disso mesmo que aparece topologicamente e do qual se desprende. 'Raio de tempo', 'raio de Mundo', que aponta em direção a uma pré-individualidade do ser, que é a sua fonte e a sua origem" (Simondon, *A individuação*). Habitar significa viver enquanto cada traço, cada gesto, cada uso suscita formas em um espaço singular: em primeiro lugar, em uma forma de vida. Tanto é assim que os habitantes vernaculares são ao mesmo tempo construtores, e a todo momento os vemos reparar, reconstruir, ampliar: quem faz uso de uma moradia vernacular experimenta o absurdo de delegar as aptidões mais elementares de construção. Que as construções vernáculas tenham que ser constantemente reparadas e reconstruídas não tem a ver com uma "escassez" de recursos duradouros — que muitas vezes são os mais acessíveis e baratos na indústria capitalista da construção —, mas ao contrário, com uma questão de gostos e carinhos, de preferir coexistir com a morada em vez de sobreviver de maneira nociva através e dentro dela. Cabe destacar que tais construtores-habitantes não se encontram, em geral, sobrecarregados ou

26 N. da E.: Referente ao intelecto

h. × **m.**

exausto, certamente não como se encontra qualquer funcionário-Bloom metropolitano depois de seu dia de trabalho esquizofrênico.

Sobre as paredes de uma destas moradas estará assim escrita uma pedagogia própria: ensinam os costumes, exibem os materiais e estimulam uma disciplina de construção habitual não profissionalizável. Por consequência, uma moradia vernacular concentra e expressa os usos e costumes próprios de uma comunidade: cada uma das suas partes corresponde à temporalidade singular dos seus tratos com o mundo, sejam os ciclos de colheita ou as festas que as compõem. "O espaço cartesiano, tridimensional, homogêneo, no qual o arquiteto constrói, e o espaço vernáculo que faz nascer a arte do habitar constituem duas classes diferentes de espaço. Os arquitetos só podem construir. Os habitantes vernáculos engendram os axiomas dos espaços dos quais fazem a sua morada" (Illich, "A arte do habitar"). Retomando os materiais mais próximos e sendo uma região contínua de intensidades, uma construção vernácula é uma modificação vivente, uma prolongação em formas do meio ambiente, não a sua restrição ou dominação: um iglu não é mais que a continuação do vento glacial por outros meios, mas tornado habitável.

É só por meio de uma operação governamental que um território se torna submetido a uma *medida* administrativa, operação que consiste em separá-lo ou esvaziá-lo dessas propriedades moleculares que especificam a sua qualidade, a sua porosidade e densidade, para depois rearticulá-lo como território nu que pode ser mensurável e valorizável, sem o canto das aves, sem o caminho das formigas, sem as cabanas dos habitantes, sem os intercâmbios e as partilhas constantes de sensibilidades. É depois deste processo de despojo, assassinato e expulsão que pode advir sobre os lugares deste mundo o reino dos projetos, das reservas naturais e dos complexos residenciais, concebido na sua totalidade como uma vasta zona cinzenta de ordenamento, como matéria selvagem rica em potencialidades que deve ser governada pelas formas infraestruturais da logística imperial. O seu primeiro produto são os espaços homogêneos, que integram num único tecido metropolitano as velhas diferenças culturais, linguísticas, religiosas e assim sucessivamente. Pensemos neste sentido na *polite architecture* [arquitetura polida ou educada], um paradigma arquitetônico em expansão que, recuperando os materiais de decoração da moda em todo o mundo, os reintroduz de maneira indiferente

h. × m.

às condições do ambiente com que interage na sua instalação, para satisfazer a avidez de novidades dos *hipsters* e de outros membros peçonhentos da pequena-burguesia planetária. Ao contrário, uma moradia vernacular inscreve-se sempre numa escala singular: cada uma é tão diferente da outra como as línguas vernáculas são diferentes entre si. O habitar vernáculo torna sempre manifesto que não existem mais que matérias formadas e formas materializadas. Um território nunca está vazio ou dado de antemão, está sempre em conexão com processos de territorialização que o configuram permanentemente. É um espaço em constante mudança, sempre com potenciais que permitem ou impedem mais ou menos o habitar. Há tantos territórios como formas de vida que os habitam: "Não existe um bosque enquanto ambiente objetivamente determinado: existe um bosque-para-a-guarda-florestal, um bosque-para-o-caçador, um bosque-para-o-botânico, um bosque-para-o--caminhante, um bosque-para-o-carpinteiro e, enfim, um bosque do conto, no qual a Chapeuzinho Vermelho se perde" (Agamben, *O aberto*). É por isso que habitar um território passa por tornar *próprio* esse mesmo território, o qual, todavia, sabe-se que é completamente inapropriável: "A questão não é ocupar, mas sim *ser* o território" (Comitê Invisível, *A insurreição que vem*). Os povos indígenas que melhor repeliram o avanço mundial da gestão capitalista foram aqueles que mais fizeram perdurar as suas formas ou que mais se fortaleceram em formas: formas que se tornam rituais, formas que tornam autodefesas, formas que se tornam assembleias comunitárias, formas que se fazem cuidados com as sementes e com a água, formas que se tornam festas. É apenas com estas formas que se formam as autonomias, autonomias por sua vez sempre próprias, que talvez não tenham nada que ver entre elas, precisamente porque, do contrário, não seriam autonomias. No seu conjunto, estas formas que se tornam o próprio território permitem compreender de forma diferente uma política da invisibilidade: já não tanto no sentido de se ocultar absolutamente do poder, mas principalmente enquanto acesso a um limiar de indiscernibilidade no qual nos tornamos uma *forma contínua* com o fundo. Aqui se encontra a chave para compreender o modo em que inclusive o nômade também habita um ou vários territórios, pois confunde-se a tal ponto com eles que alcança, nas suas pegadas invisíveis e nos seus mapas afetivos, uma camuflagem íntegra que lhe dá continuidade com o espaço.

h. × m.

c. n.

Fazendo confluir metaestavelmente o movimento e o devir, o nômade habita mais os territórios que a perenidade estática do cidadão ou a circulação deslocada do turista. Ao contrário do que pretende a ideia dominante, os seus deslocamentos não são um abandono incessante do território; os retornos que ele leva a cabo não são de caráter espacial, mas sim rítmico, sabe que pode estar aqui e em qualquer outro lugar, ao mesmo tempo, e sem entrar em contradição: cada lugar por ele explorado é outro "aqui" apropriado, com cada um dos lugares tece vínculos mais duradouros e densos que os do tempo vazio e homogêneo das "férias". Por sua vez, o construtor vernacular vive a sua moradia como uma extensão daquilo que já não se pode chamar de "entorno" ou "ambiente" sem ceder à reificação capitalista. A moradia vernácula conduz, portanto, a um constante *encontro com o fora*, do mesmo modo que o habitar, disse Heidegger, não se esgota no lar, mas estende-se à ponte pela qual se passa ou a qualquer outro lugar frequentado diariamente: *a morada é o bosque inteiro.*

Mais que uma "coisa", uma construção vernacular é uma aliada, uma extensão a mais da própria forma de vida, que entra em relações de comunidade ou de hostilidade com outras formas de vida.

Em múltiplas ocasiões de revolta pudemos observar o modo como barricadas e casas se tornam indiscerníveis; Oaxaca e a ZAD são um exemplo disso. As relações de concordância ou de discordância que um habitante mantém com o fora são indissociáveis das que agencia e possibilita o seu habitat. Uma moradia vernácula funciona, então, como aquilo que Deleuze e Guattari chamaram de "máquina celibatária". Este tipo de máquina, embora quieta e ascética, exerce um corpo a corpo constante com o ambiente, guarda relações de exterioridade que correm por sua superfície e não alimenta valores interiores-domésticos. Repleto de formas, no habitar se desdobra uma presença partilhada no mundo, completamente heterogênea às categorias hegemônicas da espacialidade: "Os *tupi-guaranis* apresentam esta situação: tribos situadas a milhares de quilômetros umas das outras, vivem da mesma maneira, praticam os mesmos rituais, falam a mesma língua. Um *guarani* do Paraguai encontra-se num terreno perfeitamente familiar entre os *tupi* do Maranhão, apesar dos quatro mil quilômetros de distância" (Clastres, *A sociedade contra o Estado*). Levar a tribo sempre consigo e estar mais além de todas as separações vai de mão dada com esta arte geográfica chamada habitar.

h. × **m.**

c. n.

O habitar como forma de expansão de limiares de indiscernibilidade além das cisões ocidentais entre eu/ambiente, cultura/natureza, finitude/infinitude, uno/múltiplo etc., encaminha-nos também a quebrar a dialética entre sujeito/objeto, tal como é perpetuada pela atividade separada ocidental, que perdeu todo o ponto de vista íntegro da realidade. Se é certo que "o que distingue o pior arquiteto da melhor das abelhas é que o arquiteto ergue a construção na sua mente antes de erguê-la na realidade" (Marx, *O Capital*), também é certo que este modo de proceder arquitetônico conserva a negação milenar metafísica do sensível que, sem nunca pôr em jogo a própria forma de vida, realiza demiurgicamente *sobre* o mundo planos, programas, ideais. Ao contrário, no uso encontramos a desativação de todos os falsos dilemas entre sujeito e objeto, ativo e passivo, forma e matéria, teoria e prática, de toda a avalanche de dispositivos que permite a instalação do governo e a administração entre os viventes e as coisas. *Habitante é aquele que faz uso de um território.* No uso, o habitante é reciprocamente afetado por cada um dos efeitos dos quais participa de maneira sempre já situada, experimenta uma potência partilhada na mesma medida em que constrói um mundo e desbarata por sua vez todo o dispositivo jurídico de separação fundado nas hipóstases da propriedade, seja ela pública ou privada. O habitante, "o pintor, o poeta, o pensador – e, em geral, qualquer um que pratique *poiesis* e uma atividade – não são os sujeitos soberanos de uma operação criadora e de uma obra; são, na verdade, viventes anônimos que, tornando inoperantes em cada ocasião as obras da linguagem, da visão, dos corpos, procuram fazer experiência de si e constituir a sua vida como forma de vida" (Agamben, *O uso dos corpos*). Daí a propensão vital do habitante em "defender o território", não porque seja sua propriedade, mas porque este é mais uma extensão da sua forma de vida, o seu vínculo mais íntimo, o seu plano de presença. Ver-se usurpado dele equivale a uma condenação à aniquilação, como testemunham todas aquelas formas de comunalidade reduzidas a ruínas depois dos avanços do Progresso. "Quando um território de um povo, nação, tribo ou bairro originário é despojado ou destruído – dizia Juan Chávez, lutador *purépecha* –, morrem então com ele os originários que têm nele raiz e casa. E quando morre um povo originário, um mundo apaga-se". Não é estranho que, sem a elaboração desta ancoragem material partilhada, a maioria das fugas do Império acabem tornando-se um conjunto de fugas sem

c. n.

contato, que se evaporam no ar, por cansaço, apatia ou pelo peso de necessidades que nunca tiveram tempo de se erradicar. Toda a militância política que não parta desta constatação continuará a ser um conjunto de ações falsamente conjuntas, na medida em que os seus "coletivos" estão sempre conformados por *indivíduos*, que não partilham nada e que continuam separados pelos muros sem janelas da existência metropolitana.

axiomas para uma não-arquitetura

AXIOMA DO JOGO. Se para a arquitetura e o urbanismo a eficácia — conexão econômica de fluxos visando o maior crescimento possível do capital — é central, *o jogo é a componente principal das formas de habitar*. Por exemplo, para percorrer um labirinto requer-se habilidade, astúcia, destreza, resumindo: *técnica*. O labirinto só pode ser jogado: força a existência de um tempo não-produtivo que requer leveza e tato para habitar e para se deslocar. Do mesmo modo, a moradia vernácula materializa um conjunto de práticas que, ao não estarem profissionalizadas, se compõem enquanto jogos de construção, e estes requerem a mesma atenção que as armadilhas de um labirinto. Como no caso de um labirinto, uma moradia vernácula não se conhece de antemão, mas constrói--se à medida que a percorremos.

h. × m.

c. n.

AXIOMA DO ENCONTRO. *Em um espaço hetero-gêneo, tudo o que sucede, sucede pelo acaso;* e aqui acaso não significa que as coisas se sucedam fora de uma ordem determinada, mas que esta ordem não pode ser reduzida a uma programação. Dá-se em um espaço sem medida e dá-se em um tempo incalculável. Dá-se fora do rigor infraestrutural da metrópole. Dá-se no rigor de distâncias que se experimentam em passos, não em números. Nenhum sociólogo ou urbanista pode dar conta das condições necessárias para uma intimidade vernacular com o espaço heterogêneo.

Um encontro é por definição um evento ines-perado, não programado: quem começou a caminhar é quem já não espera nada. Os encontros podem ou não dar-se dentro de uma concatenação infinita de acontecimentos, porque o acontecimento do encontro é, felizmente, indiferente da própria sequência dos acontecimentos. Quando se dá um encontro, deixamos para trás toda a má consciência metropolitana que procura entulhar insatisfações com acumulações de "sucessos". Quando dois ou mais se encontram em marcha, a sua experiência do espaço torna-se plena. No encontro deixamos de estar sozinhos na metrópole.

AXIOMA DA IMITAÇÃO. *A camuflagem de uma moradia vernácula no seu "meio" não é senão outra modalidade de uma forma de vida.* Um modo seu de se fazer aparecer sob a forma do anonimato e da indistinção. Neste sentido, os *partisans* das guerrilhas antifascistas na Europa eram chamados "maquis", não só porque "se atiravam para a montanha", mas *porque eles mesmos eram um devir-monte.* O labirinto imita a composição intransitável do meio natural, o intransitável da selva, da montanha. Mas, ao mesmo tempo, mostra que há maneiras de "fazer caminho" habituando-se ao espaço. Mostra que a continuidade com o meio se compõe de hábitos e não de um domínio sobre o espaço. A moradia vernácula é ela mesma um hábito.

h. × m.

mais uma vez:
em direção a uma intercomunal

Nós afirmamos que o mundo é hoje uma coleção difusa de comunidades. Uma comunidade é diferente de uma nação. [...] A crise do intercomunalismo reacionário do Império provoca inevitavelmente o conceito de intercomunalismo revolucionário.

Huey P. Newton

A "defesa do território" dilui-se paralelamente em ideologia quando perde de vista o essencial: a autodeterminação territorial. Mais recentemente, isto denominou-se *comuna*, como agregação de humanos e não-humanos que cobrem em comum cada uma das dimensões das suas existências. Para perseverar no ser, toda a comuna se inscreve numa confederação de comunas, uma "Intercomunal" dotada das suas próprias circulações e comunicações de encontros, hospitalidades, afetos, planos e "recursos" – que são em primeiro lugar *forças*–, incrementando em conjunto a sua potência para além de si mesmas e de qualquer frágil sobrevivência. Porque habitar em secessão com a ordem global pouco se parece com o isolamento, com a constituição de um nicho de conforto espacial que se quer à margem da catástrofe planetária. É, ao contrário, ofensiva afirmativa, formação e multiplicação de "situações" vernáculas que transbordam e minam as grandes totalidades da gestão imperial. Um amigo da Catalunha nos convida assim a propósito da conformação, não mais de uma Internacional, mas de uma Intercomunal: "Um território foi ganho, comunas foram construídas, algumas comunidades lançaram raízes e uma grande quantidade de amizades floresceram nas lutas travadas, terras defendidas,

h. × **m.**

casas construídas, projetos fundados, camaradas perdidos, crianças nascidas, com recursos, saberes e habilidades combinadas. Por meio dos nossos esforços chegamos ao ponto em que podemos, com toda a seriedade, colocar a pergunta de como nos relacionaremos uns com os outros, através de territórios de amplo alcance, em diversos contextos, cada um com forças, interesses, obstáculos e oportunidades diferentes. Começar a imaginar uma geografia e uma história mais amplas nas quais cada região permaneça de acordo com as suas próprias razões para existir pode começar a revelar interesses partilhados e oportunidades futuras para a coordenação, a conspiração e a iniciativa coletiva". Estas zonas de autonomia definitiva, estes buracos negros ilegíveis para o poder, *esta constelação de mundos subtraídos às relações mercantis e ao niilismo metropolitano,* supõem, desde logo, pelo simples fato de existirem, uma quebra da figura do mundo administrado que se pretende instaurar para os séculos vindouros. O tecer de vínculos comunais de juramento e de cooperação mútuos, e a autodeterminação não de necessidades, mas de *desejos, inclinações e gostos,* eclipsam na sua expansão e fortalecimento as tristes paixões do indivíduo metropolitano isolado e a existência isomórfica da povoação estatística unidimensional: a comuna é o que vem no momento em que uma miríade de formas de vida se agregam material, espiritual e guerreiramente em um "nós" e começam assim a fazer juntas.

Diremos assim que, quando os povoadores de um bairro na parte inóspita de uma cidade ou os de uma aldeia abandonada pelo Desenvolvimento decidem tomá-los de volta em suas mãos e expulsar os "seus" governantes, o que se manifesta não é nem uma autogestão de um mundo exatamente igual ao que os poderes deixaram para trás por descuido ou derrota, nem o retorno a uma situação originária e mais autêntica, mas sim, mais simplesmente, a agregação, por fim, de formas de vida íntegras que atuam numa autonomia absoluta, por assim dizer, sem relações de governo. Entende-se assim por que há que acrescentar uma tática brilhante à enunciação dos pró-zapatistas: "Mudar o mundo sem tomar o poder", sim, *mas constituindo uma potência*. É constituindo uma potência que podemos ir além do estado meramente antiautoritário, infértil, no qual se encontra ancorada a esfera da política clássica. Neste mesmo sentido, melhor estrategista que qualquer trotskista, Kafka dizia: "Em um mundo de mentira, para se livrar dela não basta usar o seu oposto: faz falta um mundo

h. × m.

de verdade". Não basta desmentir ou denunciar as mentiras deste mundo, para todos obscenas e evidentes: é preciso construir outros mundos que o excedam assimétrica e heterogeneamente, até sepultá-lo. "Cada comunidade particular, na sua luta contra a universalidade vazia da mercadoria, vai se reconhecendo pouco a pouco como particular e se eleva à consciência da sua particularidade, ou seja, capta o seu reflexo e mediatiza-se através do universal. Inscreve-se na generalidade concreta do Espírito, cuja progressão através das figuras celebra o banquete no qual todas as irredutibilidades estão embriagadas. Fragmento a fragmento, a reapropriação do Comum continua" (*Tiqqun 1,* "Tese sobre o Partido Imaginário").

sobre o conselho noturno

O **conselho noturno** não é um autor, coletivo ou organização. Sua existência – na órbita do Partido Imaginário – é apenas "ocasional": seus membros limitam-se a se reunir em momentos de intervenção, porque a intervenção é uma consequência da escrita que eles concebem nesta era. Está situado naquilo que alguns ainda chamam de México, um país agora dividido em pedaços por anos de guerra civil legal travada pelo governo local contra o assim chamado "tráfico de drogas". Mais do que uma coincidência com o plano de um Estado-nação, é o conhecimento do território em que se firma e toma partido: um mundo que se comunica e se liga a muitos outros mundos espalhados e em luta contra o mundo do capital.

EDIÇÃO, PROJETO GRÁFICO E DIAGRAMAÇÃO
GLAC edições

TRADUÇÃO
Edições Qualquer (Portugal)

COTEJO E ADAPTAÇÃO
Paloma Durante

PREPARAÇÃO
Gustavo Motta

REVISÃO
Lia Urbini

EDIÇÃO ORIGINAL
Consejo Nocturno, *Un habitar más fuerte que la metrópoli*
(La Rioja/Espanha, Pepitas de Calabaza, 2018)

A **GLAC edições** agradece aos mexicanos reunidos em torno da insígnia **conselho noturno** por cederem os direitos de publicação do presente texto e por terem mantido conosco uma estreita relação de amizade. Também agradece às **edições qualquer**, coletivo editorial de tradutores portugueses, que desde o início nos ofertou gentilmente, e sem quaisquer ressalvas, sua tradução para adaptação ao português brasileiro. São essas iniciativas de colaboração e de desejo em fazer circular as produções autônomas que a **GLAC edições** entende como constituintes da prática autogestionária ligada intrinsecamente aos textos político-subjetivos-filosóficos que publica.

este livro é composto por capa em papel **cartão 250gr**, impresso em papel **pólen soft 90gr**, nas fontes **garamond** e **din alternate**, na gráfica e editora **graphium** em novembro de 2019.

ISBN 978-65-80421-03-9